甘肃妙因寺曼荼罗

◎ 杨旦春 著

ཨཱ་ལན་སྐྱབ་ཏུ་ཐང་རྡོ་རྗེ་འཆང་གི་གནས་ཆེན་དཀྱིལ་འཁོར་གྱི་
བཀོད་པ་མེས་པོའི་ཕྱག་རིས།

上海古籍出版社

图书在版编目（CIP）数据

甘肃妙因寺曼荼罗/杨旦春著. —上海：上海古籍出
版社，2020.11
ISBN 978-7-5325-9770-3

Ⅰ.①甘… Ⅱ.①杨… Ⅲ.①佛教-寺庙-介绍-甘
肃②密宗-宗教艺术-甘肃-图集 Ⅳ.①B947.242
②J196.2-64

中国版本图书馆CIP数据核字（2020）第187498号

甘肃妙因寺曼荼罗

杨旦春　　著

责任编辑　盛　洁
装帧设计　黄　琛
技术编辑　耿莹祎

出版发行　上海古籍出版社
地　　址　上海瑞金二路272号
邮政编码　200020
网　　址　www.guji.com.cn
E —— mail　guji1@guji.com.cn
印　　刷　上海界龙艺术印刷有限公司
开　　本　890×1240　1/16
印　　张　25.5
插　　页　4
字　　数　403,000
版　　次　2020年11月第1版　2020年11月第1次印刷
书　　号　ISBN 978-7-5325-9770-3/K.2909
定　　价　380.00元

本书为国家社科基金西部项目

"大通河流域明清时期曼荼罗图像调查研究"阶段性成果之一

项目编号：19XKG001

目录

前　言

　　曼荼罗为梵文 mandala 之音译，主要是指祭祀用的祭坛，唐代义净（635—713）在《根本说一切有部毗奈耶》中将其音译为"曼荼罗"。曼荼罗在使用中有供养观想世界和本尊曼荼罗等义。藏文中将供养观想世界的曼荼罗读作"曼扎"，本尊曼荼罗读作"金阂"dkyil 'khor。多识教授指出"曼扎"是将自身、宇宙全部供养给佛，是一种累积福德及供养三宝的供养法。[1]"金阂"dkyil 'khor 意为"摄取心要"，其中 dkyil 有核心、中心的意思，'khor 为周围、环绕等义。曼荼罗经过长期的发展演变，已经形成了庞大的文化系统，内容丰富，理论体系完善，表现形式多样。藏传佛教密宗仪轨文献《金刚鬘》[2]中总结曼荼罗之类别为："依据曼荼罗之度量与传承将曼荼罗归纳为 28 个类型，并分别将这 28 个曼荼罗比拟为 28 个灌顶，在 28 天当中完成。以此 28 个曼荼罗为基础还可以继续向下细分为 42 个、45 个、55 个，乃至 5817 个"[3]等等，其中常见的约有 100 多种。

　　强巴贡噶丹贝坚赞（thar rtse rdo rje 'chang byams pa kun dga'bstan pa'i rgyal mtshan, 1829—1870）[4]在其编撰的《大成就阿毗亚迦热金刚埵直叙四十二种曼荼罗总法，三种事续应作善事共四十五种合并灌顶仪轨修行金刚埵美束宝》中引用了《金刚鬘》对曼荼罗的分类，该著作指出曼荼罗的表现手法有彩砂、绘画及象征性表现等。其中绘画类的分为珍宝曼荼罗、种子字曼荼罗、花曼荼罗、色彩曼荼罗、沙曼荼罗、意念曼荼罗、身体曼荼罗等八种；[5]另外，阿布达纳又将曼荼罗分为文字曼荼罗、手相曼荼罗、手印曼荼罗、形象曼荼罗、花卉曼荼罗、集会曼荼罗等六类。[6]上述八类或者六类曼荼罗从材料上可以分为彩砂曼荼罗、布画曼荼罗、意念曼荼罗、身体曼荼罗等四种，或者彩砂曼荼罗、布画曼荼罗、身体曼荼罗等三种。意念曼荼罗和身体曼荼罗主要在一些较高层次的灌顶和修行中使用，而彩砂曼荼罗和布画曼荼罗则用于较为基础的灌顶,使用较为普遍。

学术界普遍认为曼荼罗的起源与古印度祭祀文化密切相关,也有学者认为青藏高原史前大石遗迹就是曼荼罗之雏形,可以肯定的是曼荼罗艺术至少自公元 7 世纪开始就已经在青藏高原盛行。经过漫长的岁月洗礼,曼荼罗文化逐渐融入古老的藏族文明,其结构、色彩、造型等外在形式对藏族传统建筑、装饰、绘画、雕塑等均产生了深远的影响,甚至渗透到了农牧民群众日常生活的各个领域。在日常生活中,藏民族随身携带的嘎乌盒,以及家具、服饰装饰等各个领域都可见到曼荼罗的影子。建造于公元 7 世纪并保留至今的大昭寺(中心主殿)就是典型的例证,其平面布局遵循了一定的曼荼罗思想;建造于公元 8 世纪的桑耶寺、公元 11 世纪的托林寺、扎唐寺,以及 15 世纪的白居寺等许多大型建筑在平面布局和立体构造上也参照了曼荼罗的形式,立体展现了佛教宇宙观或世界观。这种曼荼罗形制的大型建筑群不仅完整地表现了曼荼罗的每一个结构细节,同时也给人以独特的艺术体验与视觉感受,因此也成为人类建筑艺术中的一支奇葩。此外,大致自藏传佛教后弘期以来逐渐盛行以壁画和唐卡形式表现曼荼罗的做法,在西藏阿里、日喀则盛行,甚至甘肃、青海一带建造于公元 10 世纪到 15 世纪的一些洞窟和寺庙建筑中也保留有大量的曼荼罗作品。由此可见,曼荼罗文化已经彻底融入藏族文明当中,成为不可分割的和重要的组成部分。

妙因寺作为一座藏传佛教寺院,虽然其建筑都遵循了中原艺术风格,但其中的各个佛殿在平面布局和空间功能划分上却受藏传佛教影响,体现了一定的曼荼罗思想,甚至几个主要建筑之绘画装饰也使用了大量的曼荼罗艺术。该寺万岁殿、多吉强殿、大经堂等几座主要建筑当中保留了数百个明清时期的平棋曼荼罗作品,不仅数量庞大而且内容非常丰富,充分地利用了寺院空间来表现曼荼罗的内在思想与艺术形式。2016 年以来,在永登县文化局、鲁土司衙门博物馆等相关单位的关怀和支持下,我们对妙因寺所存平棋曼荼罗作品进行了全面细致的信息采集工作,并结合相关仪轨文献,对大部分内容进行了图像识别与绘制。但目前因历史久远、油烟污染等客观因素影响,使得妙因寺万岁殿和多吉强殿所存曼荼罗中部分图像至今无法识别;大经堂所存曼荼罗表现形式的多样性与复杂性也为内容识别带来了一定的难度,故仍有部分工作有待后续完成。

通过对妙因寺及同期甘、青、川、藏等地相关遗迹与所存曼荼罗的考察和比较,我们认为,在明清时期,以平棋形式表现曼荼罗的做法主要流行于安多和藏东康巴地区。坐落于今甘肃境内的妙因寺、感恩寺、显教寺等,借地利优势,寺内建筑完整地采用了中原汉式建筑风格,殿内大面积平棋天花为彩绘艺术家提供了施展艺术天赋的空间,同时也使大面积展示曼荼罗艺术成为可能。妙因寺多吉强殿、万岁殿、大经堂等三座佛殿 736 块天花板均满绘各类装饰图案,其中曼荼罗绘画就占据了 321 幅之多,为迄今所见保存曼荼罗最多的寺院之一。该寺三座佛殿内平棋曼荼罗作品结构严谨、尊像布局合理规范，符合相关度量与仪轨，且题材涉及事部、行部、瑜伽部和无上瑜伽部等藏传佛教密宗四续部内容。妙因寺所存平棋曼荼罗作品不仅自身研究价值极高，而且也为其他同类作品的研究提供了十分重要的图像依据和资料佐证。

妙因寺所存曼荼罗图像表现形式独特、内容丰富，是目前所见保存数量最多的一处曼荼罗艺术遗存，具有十分重要的历史和艺术研究价值。笔者曾多次前往实地考察，查阅了大量历史和佛教仪轨文献，试图对该寺曼荼罗图像进行内容识别与艺术研究工作，以期为以后的深入研究提供图像与仪轨文献互证的基础性资料。但是，由于妙因寺所存曼荼罗图像历史悠久、内容复杂，以及后期人为干扰和油烟污染，再加上笔者学识浅薄、初涉曼荼罗文化等因素，虽经百般努力，本书也几经修补，错漏及不足仍在所难免，希望得到业界和广大读者的批评指正。

| 注 释 |

［1］ 多识：《甘露宝瓶·藏密本尊仪轨讲授集》，兰州：甘肃民族出版社，2011 年，第 13 页。

［2］ 《金刚鬘》和《究竟瑜伽鬘》是藏传佛教最主要的两部仪轨和图像学文献，其中大部分内容用以描述曼荼罗之结构、内部神像特征。其中《金刚鬘》主要讲述曼荼罗绘制及修持仪轨，而《究竟瑜伽鬘》讲述了曼荼罗众神的图像信息，两者均由无畏生护于公元 1100 年前后在印度超戒寺编辑成书。这两部经典最初由卡切班钦（kha che pan chen， 1127—?）传入西藏，大约在 12 世纪晚期，西藏的竹巴噶举派高僧白玛嘎波（'brug pa Padma dkar po， 1152—1192）也曾将《究竟瑜伽鬘》译成藏文并加了注释。

［3］ 强巴贡噶丹贝坚赞：《大成就阿毗亚迦热金刚埵直叙四十二种曼荼罗总法，三种事续应作善事共四十五种合并灌顶仪轨修行金刚埵美束宝》，德格印经院木刻板，第 154 页。

［4］ 强巴贡噶丹贝坚赞（byams pa kun dga' bstan pa'i rgyal mtshan），又名塔孜多吉强强巴贡噶丹贝坚赞（thar rtsae rdo rje 'chang byams pa kun dga' bstan pa'i rgyal mtshan）、塔孜堪钦强巴贡噶丹贝坚赞（thar rtsae mkhan chen byams pa kun dga' bstan pa'i rgyal mtshan），19 世纪俄尔寺主持。

［5］ grub chen klu byang gis,slob ma'i don kun sgrub pa'i phyir, 'khor lo rnam brgyd bri bar bya,rin chen de bzhin sa bon dang,me tog tshon dang de bzhin du,byae ma gyo dang phyae ma dang,de bzhin yid kyi 'khor lo bden,参见强巴贡噶丹贝坚赞：《大

成就阿毗亚迦热金刚埵直叙四十二种曼荼罗总法，三种事续应作善事共四十五种合并灌顶仪轨修行金刚埵美束宝》，德格印经院木刻板，第 158 页。

［6］ rin chen rdul tshon gyi rgyu rin po che las byas pa'o,sa bon ni 'brs la sogs pa tshon gyis kha sgyur ba,me tog ni rten gyi dkyil 'khor lha'i gdan dang bcs pa bris nas lha'i mtshan ma me tog bkod pa'o,tshon ni ras la tshon gyis bris pa'i ras bris kyi dkyil 'ikhor,bye ma ni khung nas byung ba'i bye ma la tshon gyis kha bsgyur ba'o,phye ma ni rdo la sogs pa'i phey ma la tshon gyis kha bsgyur ba'o,yid kyi dkyil 'khor ni ting nge 'dzin la brtan pa thob pa'i rdo rje slob dpon gyi lus ngag gi by aba cung zad kyang med par sac hog nas brzhms te rdul tshon gyi bya ba ji lta ba bzhin teng nge 'dzin gyis sprul nas slaob ma la ston nus pa'i tshe dbang bskur pa yin ……'di la ye shes zhabs lugs pa rnams kyis bsam gtan gyi dkyil 'khor dang,ting nge 'dzin gyi dkyi 'khor zhes kyung gsungs,…… bden zhes by aba nil us kyi dkyil 'khor dang……yi ge'i dkyil 'khor ni hūṃ la sogs pa sa bon dgod pa dang,mtshan ma'i dkyil 'khor ni rdo rje la sogs pa'i phyg mtshan dgod pa dang,phyag rgy'i dkyil 'ikhor ni chos 'chad la sogs pa'i phyag rgya dgod pa'o,gzugs brnyan dgod pa'i dkyil 'khor ni gzho bo ri moam lugs mang rung,rdo rje can dang lhan cig bzhag ces pa ltar,ras bris sam lugs mam lter sku phyag yongs rdzogs dgod pam,rdul tshon gyi lha sku zhal phyag yongs rdzogs bri ba' o, me tog dgrm pa ni sngar bsha pa ltar lha'i mtshan ma'i rgyu yi sgo nas dbye ba dang don gcig go,tshogs kyi dkyil 'khor ni tshogs 'khor gyi dus su lha grangs dang mthun pa'i rnal 'byor pa so so'i chas su zhugs te tshogs 'khor tshul bzhin du byas pa la,dbang gong ma bskur bar 'dus pa 'pha lugs pas gsungs so. 参见强巴贡噶丹贝坚赞：《大成就阿毗亚迦热金刚埵直叙四十二种曼荼罗总法，三种事续应作善事共四十五种合并灌顶仪轨修行金刚埵美束宝》，德格印经院木刻板，第 158 页。

第一章

妙因寺历史文化背景概述

第一章　妙因寺历史文化背景概述

　　妙因寺坐落于今甘肃省永登县境内的大通河畔，其藏语名为（tāi thung rdo rje 'chang），其中 tāi thung 系大通河之藏语译音、rdo rje 'chang 是指妙因寺主供佛像——金刚持。因寺院坐落于大通河畔而且主供金刚持佛，故名"大通金刚持寺"。妙因寺的汉语名称几经更迭，最早于明宣德二年三月二十二日敕谕寺名为"妙因"；明正统七年（1442）又奉旨改称"大通寺"；光绪年间复称"妙因寺"至今。妙因寺最初由土司鲁贤（klu skaybs）创建，后经其家族历代土司扩建与修葺，最终形成规模宏大、融合汉藏民族特色的藏传佛教寺院。

　　妙因寺所处之大通河谷历史上曾属于华锐[1]古部落辖地，这里地处河西走廊、丝绸古道，同时也是汉藏义明交汇的前沿阵地。汉明帝时期，佛教思想渐传于河西走廊一带，散布于河西走廊和祁连山南北两坡的华锐藏族很可能在此时就已经接触到了佛教文化，而这一地区也成为后来吐蕃自中原引进佛教文化、唐吐蕃之间佛教文化交流的主要通道。吐蕃高僧益西央等人留存于今张掖扁都口的以大日如来为主题的摩崖造像，以及发现于今甘肃天祝境内赞普赤德祖赞时期（704—754）所铸之"者龙噶丹兴庆寺发愿钟"等早期佛教遗存，反映了吐蕃时期这一地区的佛教盛况。[2]吐蕃自从朗达玛灭佛以后，"三贤者"（mkhs ba mi gsum）为了保留佛教复兴的火种，一路北上并辗转河西走廊，一度在凉州一带的天梯山石窟停留，最终跨越庄浪河、大通河，在湟水流域定居；他们的弟子喇钦贡巴饶赛也曾多次经由庄浪河、大通河区域，前往西夏一带学习和传播教法，为后来藏传佛教后弘期之下路弘法打下了基础。宋末元初，藏传佛教噶举派、萨迦派一些高僧也曾在这里广建寺庙，弘扬各自的教法，藏传佛教也经由这里向蒙古高原传播发展。上述历史证明散布于祁连山南北两坡及河西走廊的的藏族古部落——华锐是藏民族中较早接受佛教文化的部族之一，在妙因寺创建之前，大通河流域就已经有深厚的佛教文化基础。

妙因寺自建寺以来不仅在教化民众、维护稳定、传承历史文化等方面作出了突出贡献，在汉藏文化交融方面也发挥了重要的作用。妙因寺于数百年发展历程中累积的建筑、壁画、彩绘、雕塑等各类形式的佛教艺术遗存，也是明清以来当地政治、经济、文化发展状况的"代言人"，成为我们研究明清时期甘青地区藏传佛教美术的重要依据。[3]1996 年妙因寺被列入第四批全国重点文物保护单位。

早期妙因寺的创建者和维护者——历代鲁土司曾是我国西北地区影响较大的土司之一。据文献记载，从洪武三年（1370）鲁氏投明封土司到民国二十年（1931）废除土司制度，鲁氏家族相传 19 代，历时 561 年，其家族中直接承袭官爵者 23 人，摄职者（代理）2 人。[4]鲁土司家族曾就任光禄大夫、九门提督、千总、百户、昭信校尉等明、清王朝正一品至六品的几乎各个官阶，在甘青或河西一代拥有很高的权力和地位，统治着大通河、庄浪河，以及湟水流域 3000 多户近 30000 人口。自一世土司脱欢、二世土司巩卜世杰、三世土司鲁贤、四世土司鲁鉴、五世土司鲁麟至十七世土司鲁如皋等，大都文韬武略、能征善战，为明清两代西部边陲的稳定与发展作出过贡献。

鲁土司家族原属蒙古血统，历史上的蒙古族大致于元代开始广泛信仰藏传佛教，在这一信仰前提下，一世鲁土司脱欢带领家族植根于华锐地区后，一方面受到该地区积淀深厚的佛教文化影响，另一方面出于借助藏传佛教力量笼络人心的目的，开始在辖区内建造规模宏大、装饰华丽的藏传佛教寺院，包括显教寺（1412 年）、宝严寺（1413 年）、妙因寺（1424 年）、海德寺（1447 年）、宣化寺（1483 年）、感恩寺（1496 年）等，[5]这一举措契合了明代通过"多封众建"利用民族和民间力量以维护稳定与发展的政策。

鲁土司家族所建诸家寺（庙）中，以妙因寺、感恩寺的建筑绘塑保存情况最为完好，寺内存留有大量明清时期的壁画、平棋曼荼罗和其他彩画作品。自 20 世纪 80 年代以来，学术界对妙因寺、鲁土司衙门等相关建筑遗存及其历史文化进行了不同方向和视角的研究，并取得丰厚成果，但对于寺内所存数量庞大的曼荼罗图像遗存目前尚处于研究初期。笔者经过近三年的实地考察与调研，认为妙因寺所存曼荼罗作品在题材、绘画风格、表现方法等方面与同期其他地区所存藏传佛教曼荼罗遗存有一定的共通之处，同时也显现了它自身的一些地域性特点，具有极高的研究价值。

妙因寺现存建筑中万岁殿、多吉强殿、天王殿和鼓楼等建造于明代，从建筑类型上属于典型的中原官式建筑；而禅僧殿、护法殿、度母殿、大经堂等建造于清代。从建筑格局看除了大经堂和晚近建造的僧舍外，其余建筑自东向西沿中轴线排列，应属于统一规划布局。上述所有建筑在汉式建筑风格的基础上又融入了藏传佛教的功能性结构，其中的佛教造像、屋面脊饰、局部雕刻和彩画等装饰内容均体现了浓郁的藏文化艺术氛围，是藏汉艺术交流的具体表现，更是艺术融合的结晶。

妙因寺附近被称为"小五台"的嘎达寺也叫"直关寺"（brag dgon pa），是当地有名的藏传佛教寺院，[6] 与妙因寺关系密切。据《安多政教史》记载，大通直关寺昔日萨迦班智达圣叔侄赞誉此地可以与五台山的加持比美，并在此修建了萨迦派的静修院——却嘎林（mchog dga' gling）。明时，萨迦派的曲吉坚赞和格鲁派的喇嘛鲁本·桑木旦森格（klu 'bum bsam gtan seng ge）和鲁土司结为供施关系，由汉、藏、蒙的施主们奉献财物，提供条件，又进行了扩建或改造，在五座山峰上分别修建了五座庙宇，分别供奉弥勒与二近侍、释迦牟尼师徒、观音、普贤、文殊与二近侍等，壁画绘制了"清凉庄严乐土"。[7] 由此可知，大通直关寺早期是萨迦派寺院，明时格鲁派传入，格鲁派的喇嘛鲁本·桑木旦森格曾长期在此修行，并"建立了佛殿与僧舍，创立了静修处"；公元17世纪，格鲁派大师"第二世一切知吉美旺波（tham cad mkhyen pa 'jigs med dbang po）[8] 曾派遣静修者甘家（rgan gay）的转世化身到过这里"。由此可见至少大约在17世纪前后这里已经盛行藏传佛教格鲁派。

妙因寺主供佛像为金刚持佛（rdo rje 'chang），金刚持是佛祖释迦牟尼的另一种表现形象，多识教授指出："金刚持指的是佛陀，说显宗的时候是释迦牟尼佛；说密法的时候，是金刚持"。[9] 据文献记载，妙因寺供奉的这尊金刚持佛像是用紫金铸成，最早是印度大成就者德洛哇（tae lo ba）[10] 的本尊佛像，此佛像由德洛哇传给那饶巴（na ro ba）[11]，后来又传至玛尔巴（mar ba）[12] 之手，玛尔巴连同此佛像和那饶巴的遗骨等圣物一同带"到了卓吾隆（bro bo lung）地方"，"此后金刚持神像又传到潘域[13] 那烂陀[14] 后裔的第十八代曲结（chos rgayl）手中。蒙古察哈尔王（haor cha har rgayl pao）统治藏区时期，佛像和那饶巴尊者的遗骨等又被他接去"，[15] 后来这尊佛像则"以神通来到这里"（连城）。鲁土司"遂修建了这座寺庙（妙因寺），虔诚供奉"。妙因寺在"经过几代之后，有叫做洛登巴（lhao sdings pa）喇嘛者扩建了该寺庙"，并塑造了一尊金刚持佛像，"把原来的金刚持佛像作为内藏装了进去，供在那里"，[16] 此外还从瞿坛寺迎请了三尊青铜铸造的三世佛像。每年由推桑木达杰林（thos bsam dar rgys gling）的喇嘛们定期举行奉祀金刚持的大法会。

"瞿坛寺的创建者，海喇嘛·桑杰扎西（he bla ma sangs rgyas bkar shis），彼师出生在洛扎地区的卓吾隆（gro bo lung）地方"，[17] 成年后前往青海一带传教，其家族部分成员也跟桑杰扎西移居此地。因他们来自卓吾隆地方，故称卓仓（gro tshang），因属于玛尔巴氏族，又称玛仓（mr tshang），与噶举派祖师玛尔巴有密切关系。《明实录藏族史料》记载，在弘治十年（1497）和弘治十三年期间（1500）噶举派高僧曾联合瞿坛寺进贡的事实说明，至少在公元1500年之前瞿坛寺依然属于噶举教派。由于瞿坛寺和妙因寺主供佛像均为金刚持，两座寺院的藏语名称同为金刚持寺（rdo rje 'chang），再加上妙因寺金刚持佛像的来源等，似乎也证明早期妙因寺与噶举教派有一定的联系。因此妙因寺在初建时期应该属于萨迦教派，后来也曾接受过噶举教法，最终于公元 17 世纪前后改宗格鲁教派。

| 注 释 |

［1］华锐是一个古老的部落、史地称谓，藏语为 dpa' ris，意为"英雄部落"。华锐部落的属地在历史上除了以当今的天祝藏族自治县为主外，还包含今青海省的湟水以北的乐都、互助、大通、门源和甘肃省的肃南县东部、天祝、永登等县。也就是说祁连山南北坡以及河西走廊的几乎大部分藏族古部落都属于华锐古部。

［2］兰却加先生认为，发现于华锐境内的这口钟是藏族历史上最大的一口铜钟，钟体之铭文对于赤德祖赞（khi ldae gzhug brzhan）兄弟、赤玛伦（'bro bza' khri ma lod）王子降查拉本（ljang tsha lha dbon），以及金城公主研究具有一定价值。兰却加先生认为这口钟大约铸造于公元 712 年赞普赤德祖赞登基不久，其铸造年代比藏族历史上所谓的第一座寺院——桑耶寺的建造以及七觉师出家等都要早，因此对于研究藏族历史上佛教发展史具有极高的价值，参见氏著：《关于吐蕃赞普赤德祖赞时期者龙噶丹兴庆寺发愿钟及有关情况》，2011 年 8 月敦煌吐鲁番学会理事会暨民族文献学术讨论会（兰州）论文，参见《吐蕃赞普赤德祖赞时期者龙甘丹兴庆寺钟文研究》，《西藏研究》（藏文版）2011 年第 1 期，第 1 页。

［3］藏族文化当中习惯上将佛造像绘画等称为"身"之所依，代表佛的形象；经书类称为"语"之所依，代表佛法；佛塔被称为"意"之所依，代表佛之思想。佛像、经文、佛塔等合称为"三所依"或者"身语意所依"。

［4］李向德：《连城鲁土司述略》，《青海民族研究》（社会科学版），1995 年第 1 期，第 66 页。

［5］同上，第 70 页。

［6］"嘎达"是甘肃青海一带民间汉语对于山崖的称谓，嘎达寺也就是指坐落于悬崖峭壁中的寺院，由萨迦班智达所建之却嘎林就坐落于连城镇附近的屏山间，五座主要的建筑分布于山体五个台阶处，因此这里也被称为五台山（小五台）。

［7］钟子寅：《甘肃永登鲁土司妙因寺与〈金刚鬘〉教法在安多的传播》，《法音》2013 年第 6 期，第 36 页。

［8］拉卜楞寺第二世嘉木样·吉美旺波（'jigs med dbang po，1728—1791）。

［9］多识：《甘露宝瓶·藏密本尊仪轨讲授集》，兰州：甘肃民族出版社，2011 年，第 79 页。

［10］德洛哇（988-1069），密教之大成就者，诞生于孟加境内的拉萨地加屋的一个贵族家庭。德洛哇讲授的教义及实修风范，不仅在当时印度佛教界中具有广泛的影响，对后来的藏传佛教也影响颇深，德洛哇之心传弟子那饶巴、西藏噶举之父玛尔巴、米拉日巴、冈波巴等，将整个教法口耳传承迄今。

［11］那饶巴（1016—1100），藏传佛教噶举派开祖玛尔巴之师，密教之大成就者。

［12］玛尔巴（1012—1097），本名却吉罗追，藏传佛教噶举派的创始人，藏传佛教史上著名的译经大师。生于今西藏洛扎境内，他三赴天竺，四赴尼泊尔，拜访了班钦那诺巴、麦哲巴、吉译智藏、大成就寂贤等大善知识108人，尽学《集密》《胜乐》《喜金刚》《摩诃摩耶》《四座》之讲解、教授、实修等。返藏后在卓吾隆定居，授徒译经，门下弟子众多，其中著名的有俄敦·却吉多吉、楚敦·旺安、麦敦·村波索南坚赞和米拉日巴等，米拉日巴为其最著名的弟子。

［13］潘域，古地名，又称潘波，指今西藏林周县一带。

［14］那烂陀，也叫那烂扎，藏传佛教萨迦派寺院，位于今西藏自治区林周县境内，1446年由萨迦派高僧衮钦·绒敦创建。

［15］多识：《甘露宝瓶·藏密本尊仪轨讲授集》，兰州：甘肃民族出版社，2011年，第79页。

［16］智观巴·贡却乎丹巴饶吉著，吴均、毛继祖、马世林等译：《安多政教史》，兰州：甘肃民族出版社，1989年，第128页。

［17］同上书，第165页。

第二章

妙因寺曼荼罗及相关绘画遗存

第二章　妙因寺曼荼罗及相关绘画遗存

妙因寺是明清时期大通河流域规模最大的藏传佛教寺院之一，地位显赫，贡献卓著，曾受明中央政府的资助和敕封。寺内大部分壁画和彩绘遵照藏族传统绘画风格，传承了藏传佛教的相关仪轨，同时也吸纳和借鉴了中原艺术和文化元素，部分作品显现出典型的汉藏合璧样式。该寺所有建筑与绘画作品都凝聚了明清时期该地区艺术的精华，成为汉藏艺术交流与融合的典范。现存明清时期的艺术作品主要有建筑、壁画、砖雕等不可移动文物，以及唐卡、经书、佛像等大量可移动文物。

第一节　壁画遗存

妙因寺万岁殿、多吉强殿、大经堂、度母佛殿等，早期均有壁画作品。该寺现存所有壁画中当属万岁殿壁画年代最早、面积最大，保存也相对完好。万岁殿坐北向南，佛殿西、北、东三面墙壁内外均保存有壁画作品。环绕佛殿东、西、北三面的封闭式回廊内侧墙壁上保存有明代建寺初期的壁画作品，其中东西两壁绘有释迦牟尼传记故事，北壁东西两侧分别绘有佛本生《如意藤》和阿弥陀佛净土等两铺壁画；殿内东、西、北三面的墙壁所绘壁画根据题材可分为两种类型，其中东、西两壁面对面绘制了十尊双身像，这十尊佛像因后期重绘时扰乱或改动了原图内容，为图像的识别带来一定的难度。钟子寅认为此十尊佛像出自《究竟瑜伽鬘》，描绘的是毗卢文殊金刚四十三尊曼荼罗第一圈的十尊。[1]北壁绘制了千手千眼观音菩萨和千手千钵文殊菩萨各一尊。殿内外壁画在绘画技法和用色等各个方面均具有明显的差异，其中殿内壁画在后期重绘痕迹明显，并且在重绘中可能改变或扰乱了壁画的早期特征，对辨识尊像身份造成一定的麻烦。

除了万岁殿外，多吉强殿作为妙因寺最主要的佛殿之一，早期在殿内东、西、北三面墙壁之影塑佛像周边和下方也绘制有大量壁画，但后期修缮和改造中在上述三面墙壁上增设了千佛佛龛，大部分壁画被破坏或遮挡。目前只有东西两壁南端残存了以四大天王和不动金刚为内容的少量壁画，这些仅存的壁画却也展现了艺术家非凡的技艺，艳丽的色彩、一气呵成的线条中反映着艺术家的造诣和鲁土司家族曾经的繁荣。

此外，妙因寺度母殿也保存有"二十一度母""无量寿""白度母"等晚近时期的三铺壁画作品，虽然绘制年代较晚，但艺术水平不凡，是藏传绘画之勉唐派风格在以大通河为主的华锐地区流行的典型例证。

第二节　唐卡及其他艺术遗存

1991 年在妙因寺和显教寺天花板内发现了大量写本经文和唐卡作品，其中 45 幅唐卡作品保存在永登县博物馆，另外 2 幅保存在鲁土司衙门博物馆。经初步考察，这些写本经文包括《甘珠尔》《丹珠尔》《般若经》等内容，其中大部分经文可能书写于明代早期，这批经书之所以被暗藏在天花之内，足见其备受珍视，只可惜部分写本现已散佚。据连城鲁土司衙门博物馆统计，馆内现存经文约一万一千多张，总厚度约 3.5 米。从规格看有 60×17、63×21、64×16、65×20、67×25、70×23、70×26 厘米等 7 种类型或尺寸。

此外，妙因寺所有建筑的梁架、斗拱、门楣等木作，以及拱眼部分都绘制了大量的佛、菩萨、供养、护法以及其他装饰彩绘纹样，各个佛殿建筑彩画中大部分作品属于原作，只有少数作品在后期修缮时进行了重绘。因妙因寺建筑群属于分批多次修建而成，加之后期修缮等，建筑彩画在风格和题材上也体现了多样性特征。另外大经堂内梁柱等木作在初建时也有大量彩画，但在文化大革命期间该殿被用以保存四库全书，出于防火需要在所有梁架上涂抹了防火漆，原有建筑彩画被覆盖，无法窥其原貌。

第三节　平棋曼荼罗遗存

妙因寺万岁殿、多吉强殿和大经堂等三座佛殿的平棋天花绘制有大量曼荼罗和佛画像，以及梵文或藏文经咒、装饰图案等，三座佛殿内共736块平棋绘画中曼荼罗绘画就有319幅，另外还有2幅藻井曼荼罗。三殿所存曼荼罗作品中，万岁殿作品年代最早，多吉强殿次之，万岁殿和多吉强殿所存曼荼罗均为明代作品。大经堂所存平棋天花曼荼罗尽管数量最多，保存状况最好，但均属于清代绘制。多吉强殿和万岁殿所存明代曼荼罗图像与大经堂所存曼荼罗作品在表现技法和绘画风格方面有一定的差距。

除妙因寺外，同属于鲁土司家寺的显教寺、感恩寺等其他几座寺院中也保存了大量平棋曼荼罗作品，在结构、线描、色彩等方面显示出藏传佛教曼荼罗的基本特点，反映了鲁土司家族及其周边地区自明代以来的藏传佛教密宗文化状况。

| 注 释 |

[1] 钟子寅：《甘肃永登鲁土司妙因寺与〈金刚鬘〉教法在安多的传播》，《法音》2013年第6期，第37页。

第三章

妙因寺曼荼罗图像分布

第三章　妙因寺曼荼罗图像分布

妙因寺万岁殿、多吉强殿及大经堂内共计有 736 块平棋天花板和 2 幅藻井式曼荼罗，其中曼荼罗图画 321 幅，其余佛、上师、大成就者、梵文八瓣莲、鱼戏莲等共计 417 幅（缺失 1 幅、破损 1 幅），部分作品的排列显示了一定的规律性。

表 3-1　　妙因寺曼荼罗统计表

保存位置		天花总数	平棋顶曼荼罗数	其他尊像天花图案数	藻井曼荼罗数
万岁殿	外层	108	2	106	0
	内层	60	60	0	1
多吉强殿	外层	132	80	52	0
	内层	60	60	0	1
大经堂	外层	196	3	193	0
	内层	180	114	66	0
合计		736	319	417	2

为了对妙因寺曼荼罗的题材、传承关系和绘画风格等展开研究，笔者于 2016 年 5 月至 6 月期间，对几个大殿所存平棋天花和藻井绘画进行了全面而细致的信息采集，并对所取得的图像严格按照现存布局进行了编号。[1]

由于万岁殿、多吉强殿等建筑都分布在一条自北向南的中轴线上，对于上述两个佛殿的平棋顶曼荼罗依据建筑结构将其分为内外两部分，分别自最外围一圈的东北角开始，顺时针旋转一周再向内旋转编号，编号呈螺旋状从外向内递进。而大经堂虽为坐西向东的建筑布局，但为了在习惯上与上述两座佛殿统一，对于大经堂平棋顶编号时，也采取了从进门右手方向墙角开始顺时针旋转并向内递进的排序方法。

第一节 万岁殿曼荼罗

万岁殿始建于宣德二年（1427），坐北向南，建筑面积约 225 平方米，平面呈长方形"回"字结构，重檐歇山式屋顶。殿内环绕一周的立柱将平棋天花在结构上分为内外两层，内层比外层高约 1 米。

万岁殿平棋内层设有藻井，藻井中绘有时轮金刚曼荼罗，围绕藻井分别还绘有密集不动三十二尊

图 3-1　万岁殿平棋曼荼罗布局图

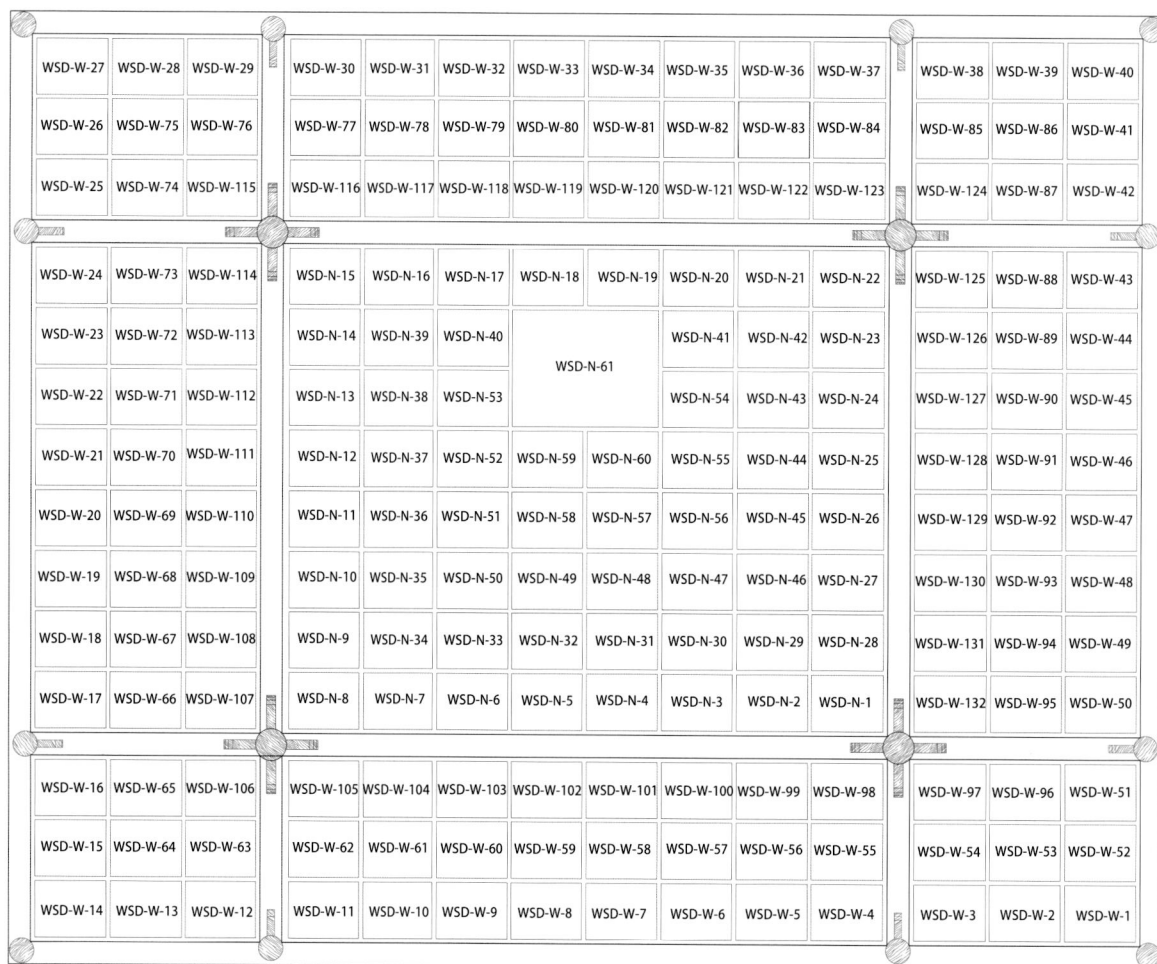

WSD-W-27	WSD-W-28	WSD-W-29	WSD-W-30	WSD-W-31	WSD-W-32	WSD-W-33	WSD-W-34	WSD-W-35	WSD-W-36	WSD-W-37	WSD-W-38	WSD-W-39	WSD-W-40
WSD-W-26	WSD-W-75	WSD-W-76	WSD-W-77	WSD-W-78	WSD-W-79	WSD-W-80	WSD-W-81	WSD-W-82	WSD-W-83	WSD-W-84	WSD-W-85	WSD-W-86	WSD-W-41
WSD-W-25	WSD-W-74	WSD-W-115	WSD-W-116	WSD-W-117	WSD-W-118	WSD-W-119	WSD-W-120	WSD-W-121	WSD-W-122	WSD-W-123	WSD-W-124	WSD-W-87	WSD-W-42
WSD-W-24	WSD-W-73	WSD-W-114	WSD-N-15	WSD-N-16	WSD-N-17	WSD-N-18	WSD-N-19	WSD-N-20	WSD-N-21	WSD-N-22	WSD-W-125	WSD-W-88	WSD-W-43
WSD-W-23	WSD-W-72	WSD-W-113	WSD-N-14	WSD-N-39	WSD-N-40	WSD-N-61		WSD-N-41	WSD-N-42	WSD-N-23	WSD-W-126	WSD-W-89	WSD-W-44
WSD-W-22	WSD-W-71	WSD-W-112	WSD-N-13	WSD-N-38	WSD-N-53			WSD-N-54	WSD-N-43	WSD-N-24	WSD-W-127	WSD-W-90	WSD-W-45
WSD-W-21	WSD-W-70	WSD-W-111	WSD-N-12	WSD-N-37	WSD-N-52	WSD-N-59	WSD-N-60	WSD-N-55	WSD-N-44	WSD-N-25	WSD-W-128	WSD-W-91	WSD-W-46
WSD-W-20	WSD-W-69	WSD-W-110	WSD-N-11	WSD-N-36	WSD-N-51	WSD-N-58	WSD-N-57	WSD-N-56	WSD-N-45	WSD-N-26	WSD-W-129	WSD-W-92	WSD-W-47
WSD-W-19	WSD-W-68	WSD-W-109	WSD-N-10	WSD-N-35	WSD-N-50	WSD-N-49	WSD-N-48	WSD-N-47	WSD-N-46	WSD-N-27	WSD-W-130	WSD-W-93	WSD-W-48
WSD-W-18	WSD-W-67	WSD-W-108	WSD-N-9	WSD-N-34	WSD-N-33	WSD-N-32	WSD-N-31	WSD-N-30	WSD-N-29	WSD-N-28	WSD-W-131	WSD-W-94	WSD-W-49
WSD-W-17	WSD-W-66	WSD-W-107	WSD-N-8	WSD-N-7	WSD-N-6	WSD-N-5	WSD-N-4	WSD-N-3	WSD-N-2	WSD-N-1	WSD-W-132	WSD-W-95	WSD-W-50
WSD-W-16	WSD-W-65	WSD-W-106	WSD-W-105	WSD-W-104	WSD-W-103	WSD-W-102	WSD-W-101	WSD-W-100	WSD-W-99	WSD-W-98	WSD-W-97	WSD-W-96	WSD-W-51
WSD-W-15	WSD-W-64	WSD-W-63	WSD-W-62	WSD-W-61	WSD-W-60	WSD-W-59	WSD-W-58	WSD-W-57	WSD-W-56	WSD-W-55	WSD-W-54	WSD-W-53	WSD-W-52
WSD-W-14	WSD-W-13	WSD-W-12	WSD-W-11	WSD-W-10	WSD-W-9	WSD-W-8	WSD-W-7	WSD-W-6	WSD-W-5	WSD-W-4	WSD-W-3	WSD-W-2	WSD-W-1

曼荼罗、心髓喜金刚九尊曼荼罗、胜乐金刚六十二尊曼荼罗、金刚界五十三尊曼荼罗、法界语自在二百二十一尊曼荼罗，以及大轮金刚曼荼罗、红色阎摩敌曼荼罗、金刚怖畏曼荼罗等，均属于无上瑜伽部曼荼罗作品，共9幅。在上述9幅无上瑜伽部曼荼罗外围绘制有52幅无量寿九尊曼荼罗。平棋外层由108块天花板组成，只绘画了2幅曼荼罗作品，它们分别是大日如来曼荼罗和五护陀罗尼曼荼罗，被安置在门口正上方，其余平棋均为装饰图案或"佛陀与二弟子"图像。万岁殿内外两层平棋天花和一眼藻井共绘画有169幅图像，其中12个不同题材的曼荼罗作品63幅，其他图画106幅。该殿曼荼罗作品中数量最多的是无量寿九尊曼荼罗，共52幅。

　　万岁殿是妙因寺最早的建筑遗存，因为历史悠久，再加上后期一度作为仓库和教室使用，殿内平棋天花板受烟熏等污染严重，部分图像很难辨别。

表 3-2　　万岁殿平棋顶内层曼荼罗统计表

图片编号	藏语名称	汉语名称	备注
WSD-N-1	ཚེ་དཔག་མེད་ལྷ་དགུའི་དཀྱིལ་འཁོར།	无量寿九尊曼荼罗	事续莲花部
WSD-N-2	ཚེ་དཔག་མེད་ལྷ་དགུའི་དཀྱིལ་འཁོར།	无量寿九尊曼荼罗	事续莲花部
WSD-N-3	ཚེ་དཔག་མེད་ལྷ་དགུའི་དཀྱིལ་འཁོར།	无量寿九尊曼荼罗	事续莲花部
WSD-N-4	ཚེ་དཔག་མེད་ལྷ་དགུའི་དཀྱིལ་འཁོར།	无量寿九尊曼荼罗	事续莲花部
WSD-N-5	ཚེ་དཔག་མེད་ལྷ་དགུའི་དཀྱིལ་འཁོར།	无量寿九尊曼荼罗	事续莲花部
WSD-N-6	ཚེ་དཔག་མེད་ལྷ་དགུའི་དཀྱིལ་འཁོར།	无量寿九尊曼荼罗	事续莲花部
WSD-N-7	ཚེ་དཔག་མེད་ལྷ་དགུའི་དཀྱིལ་འཁོར།	无量寿九尊曼荼罗	事续莲花部
WSD-N-8	ཚེ་དཔག་མེད་ལྷ་དགུའི་དཀྱིལ་འཁོར།	无量寿九尊曼荼罗	事续莲花部
WSD-N-9	ཚེ་དཔག་མེད་ལྷ་དགུའི་དཀྱིལ་འཁོར།	无量寿九尊曼荼罗	事续莲花部
WSD-N-10	ཚེ་དཔག་མེད་ལྷ་དགུའི་དཀྱིལ་འཁོར།	无量寿九尊曼荼罗	事续莲花部
WSD-N-11	ཚེ་དཔག་མེད་ལྷ་དགུའི་དཀྱིལ་འཁོར།	无量寿九尊曼荼罗	事续莲花部
WSD-N-12	ཚེ་དཔག་མེད་ལྷ་དགུའི་དཀྱིལ་འཁོར།	无量寿九尊曼荼罗	事续莲花部
WSD-N-13	ཚེ་དཔག་མེད་ལྷ་དགུའི་དཀྱིལ་འཁོར།	无量寿九尊曼荼罗	事续莲花部
WSD-N-14	ཚེ་དཔག་མེད་ལྷ་དགུའི་དཀྱིལ་འཁོར།	无量寿九尊曼荼罗	事续莲花部
WSD-N-15	ཚེ་དཔག་མེད་ལྷ་དགུའི་དཀྱིལ་འཁོར།	无量寿九尊曼荼罗	事续莲花部
WSD-N-16	ཚེ་དཔག་མེད་ལྷ་དགུའི་དཀྱིལ་འཁོར།	无量寿九尊曼荼罗	事续莲花部
WSD-N-17	ཚེ་དཔག་མེད་ལྷ་དགུའི་དཀྱིལ་འཁོར།	无量寿九尊曼荼罗	事续莲花部

WSD-N-18	ཆོས་དབྱིངས་གསུང་དབང་གི་དཀྱིལ་འཁོར།	法界语自在二百二十一尊曼荼罗	瑜伽部
WSD-N-19	གསང་འདུས་མི་བསྐྱོད་རྡོ་རྗེའི་དཀྱིལ་འཁོར།	密集不动三十二尊曼荼罗	无上瑜伽部父续
WSD-N-20	རྡོ་རྗེ་དབྱིངས་ཀྱི་དཀྱིལ་འཁོར།	金刚界五十三尊曼荼罗	瑜伽部
WSD-N-21	ཚེ་དཔག་མེད་ལྷ་དགུའི་དཀྱིལ་འཁོར།	无量寿九尊曼荼罗	事续莲花部
WSD-N-22	ཚེ་དཔག་མེད་ལྷ་དགུའི་དཀྱིལ་འཁོར།	无量寿九尊曼荼罗	事续莲花部
WSD-N-23	ཚེ་དཔག་མེད་ལྷ་དགུའི་དཀྱིལ་འཁོར།	无量寿九尊曼荼罗	事续莲花部
WSD-N-24	ཚེ་དཔག་མེད་ལྷ་དགུའི་དཀྱིལ་འཁོར།	无量寿九尊曼荼罗	事续莲花部
WSD-N-25	ཚེ་དཔག་མེད་ལྷ་དགུའི་དཀྱིལ་འཁོར།	无量寿九尊曼荼罗	事续莲花部
WSD-N-26	ཚེ་དཔག་མེད་ལྷ་དགུའི་དཀྱིལ་འཁོར།	无量寿九尊曼荼罗	事续莲花部
WSD-N-27	ཚེ་དཔག་མེད་ལྷ་དགུའི་དཀྱིལ་འཁོར།	无量寿九尊曼荼罗	事续莲花部
WSD-N-28	ཚེ་དཔག་མེད་ལྷ་དགུའི་དཀྱིལ་འཁོར།	无量寿九尊曼荼罗	事续莲花部
WSD-N-29	ཚེ་དཔག་མེད་ལྷ་དགུའི་དཀྱིལ་འཁོར།	无量寿九尊曼荼罗	事续莲花部
WSD-N-30	ཚེ་དཔག་མེད་ལྷ་དགུའི་དཀྱིལ་འཁོར།	无量寿九尊曼荼罗	事续莲花部
WSD-N-31	ཚེ་དཔག་མེད་ལྷ་དགུའི་དཀྱིལ་འཁོར།	无量寿九尊曼荼罗	事续莲花部
WSD-N-32	ཚེ་དཔག་མེད་ལྷ་དགུའི་དཀྱིལ་འཁོར།	无量寿九尊曼荼罗	事续莲花部
WSD-N-33	ཚེ་དཔག་མེད་ལྷ་དགུའི་དཀྱིལ་འཁོར།	无量寿九尊曼荼罗	事续莲花部
WSD-N-34	ཚེ་དཔག་མེད་ལྷ་དགུའི་དཀྱིལ་འཁོར།	无量寿九尊曼荼罗	事续莲花部
WSD-N-35	ཚེ་དཔག་མེད་ལྷ་དགུའི་དཀྱིལ་འཁོར།	无量寿九尊曼荼罗	事续莲花部
WSD-N-36	ཚེ་དཔག་མེད་ལྷ་དགུའི་དཀྱིལ་འཁོར།	无量寿九尊曼荼罗	事续莲花部
WSD-N-37	ཚེ་དཔག་མེད་ལྷ་དགུའི་དཀྱིལ་འཁོར།	无量寿九尊曼荼罗	事续莲花部
WSD-N-38	ཚེ་དཔག་མེད་ལྷ་དགུའི་དཀྱིལ་འཁོར།	无量寿九尊曼荼罗	事续莲花部
WSD-N-39	ཚེ་དཔག་མེད་ལྷ་དགུའི་དཀྱིལ་འཁོར།	无量寿九尊曼荼罗	事续莲花部
WSD-N-40	འཁོར་ལོ་བདེ་མཆོག་གི་དཀྱིལ་འཁོར།	胜乐金刚六十二尊曼荼罗	无上瑜伽部母续
WSD-N-41	ཚེ་དཔག་མེད་ལྷ་དགུའི་དཀྱིལ་འཁོར།	无量寿九尊曼荼罗	事续莲花部
WSD-N-42	ཚེ་དཔག་མེད་ལྷ་དགུའི་དཀྱིལ་འཁོར།	无量寿九尊曼荼罗	事续莲花部
WSD-N-43	ཚེ་དཔག་མེད་ལྷ་དགུའི་དཀྱིལ་འཁོར།	无量寿九尊曼荼罗	事续莲花部
WSD-N-44	ཚེ་དཔག་མེད་ལྷ་དགུའི་དཀྱིལ་འཁོར།	无量寿九尊曼荼罗	事续莲花部
WSD-N-45	ཚེ་དཔག་མེད་ལྷ་དགུའི་དཀྱིལ་འཁོར།	无量寿九尊曼荼罗	事续莲花部
WSD-N-46	ཚེ་དཔག་མེད་ལྷ་དགུའི་དཀྱིལ་འཁོར།	无量寿九尊曼荼罗	事续莲花部

图片编号	藏语名称	汉语名称	备注
WSD-N-47	ཚེ་དཔག་མེད་ལྷ་དགུའི་དཀྱིལ་འཁོར།	无量寿九尊曼荼罗	事续莲花部
WSD-N-48	ཚེ་དཔག་མེད་ལྷ་དགུའི་དཀྱིལ་འཁོར།	无量寿九尊曼荼罗	事续莲花部
WSD-N-49	ཚེ་དཔག་མེད་ལྷ་དགུའི་དཀྱིལ་འཁོར།	无量寿九尊曼荼罗	事续莲花部
WSD-N-50	ཚེ་དཔག་མེད་ལྷ་དགུའི་དཀྱིལ་འཁོར།	无量寿九尊曼荼罗	事续莲花部
WSD-N-51	ཚེ་དཔག་མེད་ལྷ་དགུའི་དཀྱིལ་འཁོར།	无量寿九尊曼荼罗	事续莲花部
WSD-N-52	ཚེ་དཔག་མེད་ལྷ་དགུའི་དཀྱིལ་འཁོར།	无量寿九尊曼荼罗	事续莲花部
WSD-N-53	གཤིན་རྗེ་གཤེད་དམར་གྱི་དཀྱིལ་འཁོར།	红阎魔敌曼荼罗	无上瑜伽部
WSD-N-54	སྙིང་པོ་ཀྱཻ་རྡོ་རྗེའི་དཀྱིལ་འཁོར།	心髓喜金刚九尊曼荼罗	无上瑜伽部母续
WSD-N-55	ཚེ་དཔག་མེད་ལྷ་དགུའི་དཀྱིལ་འཁོར།	无量寿九尊曼荼罗	事续莲花部
WSD-N-56	ཚེ་དཔག་མེད་ལྷ་དགུའི་དཀྱིལ་འཁོར།	无量寿九尊曼荼罗	事续莲花部
WSD-N-57	ཚེ་དཔག་མེད་ལྷ་དགུའི་དཀྱིལ་འཁོར།	无量寿九尊曼荼罗	事续莲花部
WSD-N-58	ཚེ་དཔག་མེད་ལྷ་དགུའི་དཀྱིལ་འཁོར།	无量寿九尊曼荼罗	事续莲花部
WSD-N-59	འཇིགས་བྱེད་ཀྱི་དཀྱིལ་འཁོར།	金刚怖畏曼荼罗	无上瑜伽部父续
WSD-N-60	ཕྱག་རྡོར་འཁོར་ཆེན་གྱི་དཀྱིལ་འཁོར།	大轮金刚手九尊曼荼罗	事续金刚部
WSD-N-61	དུས་འཁོར་གྱི་དཀྱིལ་འཁོར།	时轮金刚曼荼罗	无上瑜伽部母续

表 3-3　　万岁殿平棋顶外层曼荼罗统计表

图片编号	藏语名称	汉语名称	备注
WSD-W-58	ཀུན་རིག་གི་དཀྱིལ་འཁོར།	大日如来曼荼罗	行续如来部
WSD-W-59	གཟུངས་ས་ལྔའི་དཀྱིལ་འཁོར།	五护陀罗尼曼荼罗	事续金刚部
WSD-W-2	སྟོན་པ་གཙོ་འཁོར་གསུམ།	佛陀与二弟子	尊像
WSD-W-104	སྟོན་པ་གཙོ་འཁོར་གསུམ།	佛陀与二弟子	尊像

注：万岁殿外层除二曼荼罗外，其余均为佛陀与二弟子像，因本书主要探讨曼荼罗，尊像图仅举二图为例。

　　万岁殿平棋藻井位于佛殿主供佛像正上方，藻井中所绘时轮金刚曼荼罗应属于该殿曼荼罗中最主要的表现题材，尽管空间有限（直径约 100 厘米），却依然完整地表现了时轮金刚曼荼罗的全部要素，该曼荼罗中主尊和围绕主尊的几尊主要神灵及其服饰特征表现得具体完整，就连城池外围的宝瓶及宝瓶所生之如意树和七宝也被描绘得栩栩如生。[2] 七宝分别是：树冠的中间为黄色八辐法轮，其上为"主人"；树梢为黄色如意宝；右侧为白象，其上为蓝色女；左侧为绿色之马，其上为黑色将军持矛和盾，穿铠甲；树之上方为具有六饰的大成就者。[3]

在万岁殿平棋所绘 63 幅曼荼罗中无量寿九尊曼荼罗就占了 52 幅，由此可见无量寿九尊曼荼罗也是该佛殿重点表现的题材之一，大面积表现这一题材的做法也迎合了该殿祈福皇帝与百姓健康长寿的功能特征，而且这一做法还影响到了该寺后来建造的几座佛殿。

众所周知，我们常见的曼荼罗大都为外圆内方的结构形式，万岁殿无量寿九尊曼荼罗之结构亦如此，在内部城池中央绘有一象征花蕊的同心圆，圆圈外围分布八瓣莲花，同心圆与八个莲花瓣中安置一尊无量寿佛，共九尊，皆为菩萨装扮，双手施禅定印持宝瓶，双腿结跏趺坐；八瓣莲外围由金刚杵环绕一周，此为金刚墙；金刚墙外围四角各绘一如意宝瓶，每个宝瓶被四面相邻的四色分割为两半；五色的城墙上用黄色线条绘以半璎珞，没有绘制莲花瓣（常见的曼荼罗城墙外围绘有莲花瓣）；城墙外四面绘有四门，牌坊为二平九平之结构，牌坊顶部正中为法轮，法轮两侧是双鹿，法轮和双鹿绘画极为简约；牌坊两侧自城墙伸出的"角"形结构自摩羯鱼口中伸出，摩羯鱼长长的鼻子翻卷着"角"形构建；"角"形构建左右绿色底子上用橘黄色线条各树一飞帆，飞帆外侧红色圆圈内各绘吉祥八宝中的一宝，四面合计八宝。曼荼罗外环共四层，最里面为红色线条，之外依次为莲花瓣、金刚环、火焰。整个曼荼罗外围四角各绘一如意宝瓶。

万岁殿无量寿九尊曼荼罗中央主尊描绘相对精细。该主尊呈半裸状，头戴五叶冠、高发髻，几缕黑发散披于左右两肩；上身披绿色飘带，从双肩下垂的飘带自手腕处环绕一圈向左右两侧卷曲上飘；下身着短裙（裤）。主尊身后绘有圆形头光和椭圆形背光，背光后面绘画有背靠，背靠自耳部向外延伸，左右各绘一颗摩尼宝珠。背靠上覆盖的织物背光两侧挽结下垂，高于肩部，在耳朵两侧向外延伸的上方左右各绘一颗燃烧着火焰的摩尼宝。环绕主尊的其余八尊无量寿佛均无背靠，上身也无飘带，其余特征与主尊完全相同。耳环、项链、臂钏、脚环等以黄色线条进行简约式表现。环绕主尊的其余八尊无量寿佛均着短裙，他们所披飘带和饰品均以线条形式表现。另外，分布在城墙平台上的 16 尊供养女也均以线条表现，似剪影式造型，动态夸张。

除了无量寿九尊曼荼罗外，"佛陀与二弟子"图像是万岁殿平棋绘画中的主要表现题材，该殿平棋外层除了门口正上方有两幅曼荼罗外其余平棋全部绘制了"佛陀与二弟子"图像，环绕着殿内所有曼荼罗作品。"佛陀与二弟子"图中主尊释迦牟尼佛在仰覆莲座上结跏趺坐，左手结禅定印，右手触地印；左右阿难和迦叶左手持钵，右手持禅杖侍立两侧。主尊无量寿佛身后绘有马蹄形背光，背光之后又有背靠，背靠肩部左右有下垂的织物；主尊身后的头光也呈马蹄形，上方中央略显桃尖，头光上方绘三个堆积在一起的摩尼宝。仰覆莲座被安置在一平台之上，平台由几朵漂浮的云彩承托。释迦牟尼佛和二弟子均被绘制在一个较大的拱券式背光中央，背光外围由卷曲飘逸而又有一定变化规律的彩虹所环绕。释迦牟尼佛肤色黄，用朱红勾勒；面部上宽下窄，眼睛细而小，肥大的双耳垂于肩部；深色裤裙外罩红色袈裟，祖右肩，袈裟外边有黄色边幅；仰覆瓣莲花座花瓣上绘有卷曲纹样。

在考察中发现，万岁殿所存曼荼罗中，除了个别无量寿九尊题材的曼荼罗有少量重绘现象外，其余大部分作品属于明代早期原作。所有曼荼罗作品结构符合度量经所规定的基本标准，造像严谨工整，线条流畅。曼荼罗外围四角大都绘制了图案化的宝瓶纹样。遗憾的是因年代久远再加上烟熏等因素，该殿所有曼荼罗作品的色彩和细节内容几乎无法辨别。

现场发现，在万岁殿重绘过的曼荼罗中，尽管内容没有发生变化，但依然改变了部分作品的绘画风格，具体表现在无量寿佛背靠和城池四角的如意树上。早期背靠基本表现了明代家具的一些结构特征，后期重绘时却只描画了该构件的轮廓，并误将佛背龛之摩羯鱼卷草式的尾巴画为云彩或织物；曼荼罗宫殿外围宝瓶中所生如意树早期绘画时只是用线条勾勒了轮廓，后期重绘的作品全部涂了绿色，几乎成剪影式构造。导致这一变化的原因可能是重绘时的画师对早期结构认识模糊，或者因为教派传承的变化以及画师本人绘画风格不同，造成后期重绘后的作品与原作之间发生了较大偏差。

虽然"佛陀与二弟子"图像是万岁殿平棋绘画中的主要表现题材之一，但在考察中发现该殿该题材的作品几乎全部被重绘，重绘时将早期画面全面涂色并重勾，同时还改变了其中的部分内容。经后期抽样检查及红外线拍摄后发现，现存图像覆盖之下的早期图像特征与公元 13 到 15 世纪之间流行于后藏一带的"齐吾岗巴"风格具有一定的联系，具体表现为：释迦牟尼佛身形比例偏矮，头部略显扁平；背靠上方主尊肩部左右绘有摩羯鱼和孔雀，摩羯鱼和孔雀尾巴呈卷草纹样回旋上升至主尊头部顶端位置后消失；早期佛像眉毛略显弧形，眉尾线微微上翘，重绘后呈弯月形。

从整体来看，明代以后的阿弥陀佛（无量光佛）和无量寿佛在鲁土司的信仰中占据非常重要的地位，除了大量的无量寿九尊曼荼罗外，该殿回廊壁画中还绘有阿弥陀佛及其净土。藏传佛教认为阿弥陀佛之应、化身为无量光佛，其报身则为无量寿佛，无量寿佛和阿弥陀佛属于同一个佛的两个不同名称，具有共同的属性。由此可见无量寿或者说阿弥陀佛题材是妙因寺自初建以来最主要的崇奉对象，这可能与万岁殿最初的功能有关，因为万岁殿最初的功能之一就是祈福皇帝长寿健康。这一主题在后期建造的多吉强殿和大经堂曼荼罗中也得以延续或继承。

第二节　多吉强殿曼荼罗

多吉强殿初建于明成化七年（1471），从现有布局来看，多吉强殿坐落于妙因寺最北端，[4]坐北向南，建筑面积约 289 平方米，平面呈长方形"回"字结构，重檐歇山式屋顶。多吉强殿在平面布局上呈正方形，佛殿内以十二根立柱环绕一周，立柱间以木板墙相互连接，将室内空间分为内外两层空间，内层比外层高出约 100 厘米，平棋结构与万岁殿大致相同。内部空间主供金刚持佛像，前方左右各排列八大菩萨和金刚护法。外围空间作为转经回廊使用，回廊外侧西、北、南三面墙壁绘、塑有各类佛、菩萨、护法等。一般我们习惯上认为一座佛殿就是一座无量宫，佛殿主供佛像及其侍从就是无量宫的主人，因此多吉强殿就是妙因寺主尊——持金刚佛的无量宫所在。此外，妙因寺大经堂、万岁殿也与多吉强殿相似，在平面布局上体现了一定的曼荼罗思想。

多吉强殿平棋内层正中设藻井，藻井中绘画了密集不动金刚曼荼罗，藻井外围分三排环绕的正方形平棋天花绘有密集金刚曼荼罗、大威德金刚曼荼罗、喜金刚曼荼罗、普惠毗卢佛曼荼罗、十一面观音曼荼罗、五守护尊曼荼罗、空行母曼荼罗、数种金刚萨埵曼荼罗以及大量的无量寿九尊曼荼罗等，共 60 幅。平棋内层中央的藻井中也绘制了曼荼罗作品，如此，该殿平棋内层共有曼荼罗 61 幅。

外层天花又有两种规格，其中最外圈环绕一周为并列两排的长方形天花板，分别绘制有缠枝莲花和梵文咒语"唵、阿、吽"等字样，长方形天花板之内为 132 块正方形天花板，分三排环绕一周，分别绘制三十五忏佛、五部文殊、护法神、宗喀巴大师等上师尊像等 52 幅、曼荼罗 80 幅。

多吉强殿内外两层平棋天花共保存绘画作品 193 幅，其中表现佛、菩萨、上师等形象的作品 52 幅，曼荼罗作品 141 幅，内容涉及近百个不同的题材。这是目前所见保存曼荼罗数量最多、内容最为丰富的佛殿之一，在其他地区的藏传佛教寺院中也不多见。

众多的尊像和曼荼罗作品以众星捧月式环绕在平棋中央的藻井四周。该藻井本身建筑结构复杂，在平棋顶中所占面积比例大等特点也显示出该藻井本身及其内所绘曼荼罗在多吉强殿内的地位与重要性。

在多吉强殿内层平棋天花与藻井中的 61 幅曼荼罗中，密集金刚题材的曼荼罗就有 33 幅，特别值得关注的是该殿藻井与藻井中的曼荼罗作品，藻井中绘制的密集金刚曼荼罗是该佛殿所要表现的主要作品之一。其特殊之处是于密集金刚三十二尊曼荼罗的基础上，在第二圈四面又分别增加了四臂观音（东）、文殊（南）、金刚持（西）、释迦牟尼佛（北）等四尊的基础上形成的密集金刚三十六尊曼荼罗，增加了尊像内容。环绕在藻井四周的 60 幅曼荼罗作品中还有 32 幅被用以表现密集金刚题材，它们分别将密集金刚三十二尊曼荼罗中的各尊像轮流作为曼荼罗中心主尊加以表现，形成了 32 幅不同主尊的"密集金刚三十二尊曼荼罗"。由此可见，多吉强殿平棋曼荼罗中重点强化了密集金刚题材，同样的做法还出现在同属于鲁土司家寺的感恩寺平棋绘画中。鉴于妙因寺与感恩寺之间的隶属关系以及它们所处的位置等，似乎说明密集金刚成就法在以妙因寺为主的鲁土司家族信仰中，或者说在庄浪河、大通河流域具有特殊的地位与传承关系，值得深入研究。

密集金刚曼荼罗是多吉强殿最主要的表现题材，33幅不同主尊的密集金刚曼荼罗被集中展示在平棋内层中央的藻井和环绕藻井的平棋天花上。但是，从现有布局来看密集金刚题材的曼荼罗现存排列状况似乎也有些杂乱。笔者根据其绘画题材分析认为，该殿密集金刚曼荼罗在题材选择、数量和最初排列上应该遵循了一定的规律，所有密集金刚题材的曼荼罗在方位布局上应符合密集金刚三十二尊曼荼罗的尊神布局规律。

首先，多吉强殿藻井中之密集金刚曼荼罗是一幅在常见之密集金刚三十二尊曼荼罗的基础上、第二院四面分别增加了观音、文殊、持金刚、释迦牟尼佛等四位本尊形象，共同构成密集不动金刚三十六尊的曼荼罗。藻井中曼荼罗以密集不动金刚为主尊，象征着五方佛中的阿閦佛；其外围还有以密集大日如来、密集宝生如来、密集无量光、密集不空成就佛等不同肤色、不同主尊的四幅密集金刚曼荼罗，分别安置于东、南、西、北等四个方位，用以象征密集之五方佛或五智。[5]此外还有密集金刚手、密集虚空藏、密集文殊、密集除盖障、密集普贤等密集题材的八大菩萨，密集金刚声、密集金刚色、密集金刚味、密集金刚香、密集金刚触等为主尊的28幅密集为主题的曼荼罗作品环绕在外围，共形成33幅密集金刚主题的曼荼罗作品，使常见之密集金刚三十二尊曼荼罗中的每一尊都轮流"担任"了一次主尊，在其担任主尊的曼荼罗中该尊像与中央密集不动金刚互换了位置。

多吉强殿所存曼荼罗在布局上的特点是，除了平棋中央藻井中的密集金刚曼荼罗为三十六尊外，围绕藻井还有32幅密集金刚三十二尊曼荼罗，它们环绕在中央藻井中的密集金刚三十六尊曼荼罗四周，共同形成一个以密集金刚为主题的曼荼罗矩阵。这种做法极其少见。

多吉强殿是妙因寺最主要的佛殿，密集金刚主题是该殿最主要的表现题材，显示出妙因寺最主要的密宗传承与信仰所依。据西藏哲蚌寺高僧桑派喇嘛介绍，不同主尊的密集金刚曼荼罗在排列上其所处位置应该与密集不动金刚曼荼罗中各个尊像所处位置相同。[6]多吉强殿分别将密集金刚曼荼罗中的各个尊像都比拟为主尊，依次绘制33幅不同主尊的密集金刚曼荼罗的做法也极其少见，至今尚未见到类似例证，甚是独特。

此外，多吉强殿平棋曼荼罗还全方位考虑了藏传佛教密宗事部、行部、瑜伽部和无上瑜伽部等四大部之内容，大大丰富了曼荼罗的数量和内容。与万岁殿不同的是，多吉强殿众多的平棋绘画中除了曼荼罗外，还有大量表现佛、菩萨、度母、护法等形象的作品，它们被安置在平棋外围一周，环绕着各种题材的曼荼罗作品。多吉强殿中没有出现在万岁殿平棋绘画中大量表现的"佛陀与二弟子"图像。

図 3-2 多吉强殿平棋曼荼罗布局图

北

图 3-2　多吉强殿平棋曼荼罗布局图

上部

左区：
DJQ-W-27	DJQ-W-28	DJQ-W-29
DJQ-W-26	DJQ-W-75	DJQ-W-76
DJQ-W-25	DJQ-W-74	DJQ-W-115

中区：
DJQ-W-30	DJQ-W-31	DJQ-W-32	DJQ-W-33	DJQ-W-34	DJQ-W-35	DJQ-W-36	DJQ-W-37
DJQ-W-77	DJQ-W-78	DJQ-W-79	DJQ-W-80	DJQ-W-81	DJQ-W-82	DJQ-W-83	DJQ-W-84
DJQ-W-116	DJQ-W-117	DJQ-W-118	DJQ-W-119	DJQ-W-120	DJQ-W-121	DJQ-W-122	DJQ-W-123

右区：
DJQ-W-38	DJQ-W-39	DJQ-W-40
DJQ-W-85	DJQ-W-86	DJQ-W-41
DJQ-W-124	DJQ-W-87	DJQ-W-42

中部

左区：
DJQ-W-24	DJQ-W-73	DJQ-W-114
DJQ-W-23	DJQ-W-72	DJQ-W-113
DJQ-W-22	DJQ-W-71	DJQ-W-112
DJQ-W-21	DJQ-W-70	DJQ-W-111
DJQ-W-20	DJQ-W-69	DJQ-W-110
DJQ-W-19	DJQ-W-68	DJQ-W-109
DJQ-W-18	DJQ-W-67	DJQ-W-108
DJQ-W-17	DJQ-W-66	DJQ-W-107

中区：
DJQ-N-15	DJQ-N-16	DJQ-N-17	DJQ-N-18	DJQ-N-19	DJQ-N-20	DJQ-N-21	DJQ-N-22
DJQ-N-14	DJQ-N-39	DJQ-N-40	DJQ-N-41	DJQ-N-42	DJQ-N-43	DJQ-N-44	DJQ-N-23
DJQ-N-13	DJQ-N-38	DJQ-N-55	DJQ-N-56	DJQ-N-57	DJQ-N-58	DJQ-N-45	DJQ-N-24
DJQ-N-12	DJQ-N-37	DJQ-N-54	(DJQ-N-61)	DJQ-N-59	DJQ-N-46	DJQ-N-25	
DJQ-N-11	DJQ-N-36	DJQ-N-53	(DJQ-N-61)	DJQ-N-60	DJQ-N-47	DJQ-N-26	
DJQ-N-10	DJQ-N-35	DJQ-N-52	DJQ-N-51	DJQ-N-50	DJQ-N-49	DJQ-N-48	DJQ-N-27
DJQ-N-9	DJQ-N-34	DJQ-N-33	DJQ-N-32	DJQ-N-31	DJQ-N-30	DJQ-N-29	DJQ-N-28
DJQ-N-8	DJQ-N-7	DJQ-N-6	DJQ-N-5	DJQ-N-4	DJQ-N-3	DJQ-N-2	DJQ-N-1

中心：DJQ-N-61

右区：
DJQ-W-125	DJQ-W-88	DJQ-W-43
DJQ-W-126	DJQ-W-89	DJQ-W-44
DJQ-W-127	DJQ-W-90	DJQ-W-45
DJQ-W-128	DJQ-W-91	DJQ-W-46
DJQ-W-129	DJQ-W-92	DJQ-W-47
DJQ-W-130	DJQ-W-93	DJQ-W-48
DJQ-W-131	DJQ-W-94	DJQ-W-49
DJQ-W-132	DJQ-W-95	DJQ-W-50

下部

左区：
DJQ-W-16	DJQ-W-65	DJQ-W-106
DJQ-W-15	DJQ-W-64	DJQ-W-63
DJQ-W-14	DJQ-W-13	DJQ-W-12

中区：
DJQ-W-105	DJQ-W-104	DJQ-W-103	DJQ-W-102	DJQ-W-101	DJQ-W-100	DJQ-W-99	DJQ-W-98
DJQ-W-62	DJQ-W-61	DJQ-W-60	DJQ-W-59	DJQ-W-58	DJQ-W-57	DJQ-W-56	DJQ-W-55
DJQ-W-11	DJQ-W-10	DJQ-W-9	DJQ-W-8	DJQ-W-7	DJQ-W-6	DJQ-W-5	DJQ-W-4

右区：
DJQ-W-97	DJQ-W-96	DJQ-W-51
DJQ-W-54	DJQ-W-53	DJQ-W-52
DJQ-W-3	DJQ-W-2	DJQ-W-1

表 3-4 多吉强殿平棋顶内层曼荼罗统计表

图片编号	藏语名称	汉语名称	备注
DJQ-N-1	གསང་འདུས་གོས་དཀར་མོའི་དཀྱིལ་འཁོར།	密集白衣三十二尊曼荼罗	无上瑜伽部父续
DJQ-N-2	བདེ་མཆོག་གི་དཀྱིལ་འཁོར།	胜乐金刚曼荼罗	无上瑜伽部母续
DJQ-N-3	གསང་འདུས་བྱམས་པའི་དཀྱིལ་འཁོར།	密集弥勒三十二尊曼荼罗	无上瑜伽部父续
DJQ-N-4	ཀྱེ་རྡོར་ལྷ་དགུའི་དཀྱིལ་འཁོར།	喜金刚九尊曼荼罗	无上瑜伽部母续
DJQ-N-5	གསང་འདུས་ཀྱི་དཀྱིལ་འཁོར།	密集金刚三十二尊曼荼罗	无上瑜伽部父续

DJQ-N-6	གཤིན་དམར་གྱི་དཀྱིལ་འཁོར།	红阎魔敌五尊曼荼罗	无上瑜伽部
DJQ-N-7	གསང་འདུས་འོད་དཔག་མེད་ཀྱི་དཀྱིལ་འཁོར།	密集无量光三十二尊曼荼罗	无上瑜伽部父续
DJQ-N-8	འཇིགས་བྱེད་ལྷ་དགུའི་དཀྱིལ་འཁོར།	大威德九尊曼荼罗	无上瑜伽部父续
DJQ-N-9	ཕྱག་རྡོར་འབོར་ཆེན་གྱི་དཀྱིལ་འཁོར།	大轮金刚手九尊曼荼罗	事续金刚部
DJQ-N-10	སྒྲོལ་མ་བླ་མེད་ཀྱི་དཀྱིལ་འཁོར།	无上度母十七尊曼荼罗	无上瑜伽部母续
DJQ-N-11	འཇིགས་བྱེད་ལྷ་བཅུ་གསུམ་མའི་དཀྱིལ་འཁོར།	大威德十三尊曼荼罗	无上瑜伽部父续
DJQ-N-12	གཤིན་རྗེ་གཤེད་ཀྱི་དཀྱིལ་འཁོར།	阎魔敌二十一尊曼荼罗	无上瑜伽部
DJQ-N-13	གཤིན་རྗེ་གཤེད་དམར་གྱི་དཀྱིལ་འཁོར།	红阎摩敌十三尊曼荼罗	无上瑜伽部
DJQ-N-14	གཤིན་རྗེ་གཤེད་ནག་གི་དཀྱིལ་འཁོར།	黑阎摩敌十三尊曼荼罗	无上瑜伽部
DJQ-N-15	གསང་འདུས་ཀྱི་དཀྱིལ་འཁོར།	密集三十二尊曼荼罗	无上瑜伽部父续
DJQ-N-16	འཇིགས་བྱེད་ལྷ་བཅུ་གསུམ་མའི་དཀྱིལ་འཁོར།	大威德十三尊曼荼罗	无上瑜伽部父续
DJQ-N-17	གསང་འདུས་ཀྱི་དཀྱིལ་འཁོར།	密集三十二尊曼荼罗	无上瑜伽部父续
DJQ-N-18	གསང་འདུས་ཤེས་རབ་མཐར་བྱེད་ཀྱི་དཀྱིལ་འཁོར།	密集般若究竟三十二尊曼荼罗	无上瑜伽部父续
DJQ-N-19	འཁོར་ལོ་བདེ་མཆོག་གི་དཀྱིལ་འཁོར།	胜乐轮九尊曼荼罗	无上瑜伽部母续
DJQ-N-20		曼荼罗	
DJQ-N-21	གསང་འདུས་ཀྱི་དཀྱིལ་འཁོར།	密集三十二尊曼荼罗	无上瑜伽部父续
DJQ-N-22		曼荼罗	
DJQ-N-23	དགྲ་ནག་གི་དཀྱིལ་འཁོར།	黑阎魔敌十三尊曼荼罗	无上瑜伽部父续
DJQ-N-24	སྒྲོལ་མ་བླ་མེད་ཀྱི་དཀྱིལ་འཁོར།	无上度母十七尊曼荼罗	无上瑜伽部母续
DJQ-N-25	བདེ་མཆོག་གི་དཀྱིལ་འཁོར།	胜乐金刚二十一尊曼荼罗	无上瑜伽部母续
DJQ-N-26	གསང་འདུས་ཀྱི་དཀྱིལ་འཁོར།	密集三十二尊曼荼罗	无上瑜伽部父续
DJQ-N-27	གསང་འདུས་རིན་འབྱུང་གི་དཀྱིལ་འཁོར།	密集宝生佛三十二尊曼荼罗	无上瑜伽部父续
DJQ-N-28	ཚེ་དཔག་མེད་ལྷ་ལྔའི་དཀྱིལ་འཁོར།	无量寿五尊曼荼罗	事续莲花部
DJQ-N-29	བདེ་མཆོག་སྡོམ་འབྱུང་ལྷ་བཅུ་གསུམ་གྱི་དཀྱིལ་འཁོར།	生起禁戒胜乐十三尊曼荼罗	无上瑜伽部母续
DJQ-N-30	ཕྱག་རྡོར་འབོར་ཆེན་གྱི་དཀྱིལ་འཁོར།	大轮金刚手九尊曼荼罗	事续金刚部
DJQ-N-31	གསང་འདུས་མི་གཡོ་བའི་དཀྱིལ་འཁོར།	密集不动金刚三十二尊曼荼罗	无上瑜伽部父续

DJQ-N-32		曼荼罗	
DJQ-N-33	གསང་འདུས་ཕྱག་རྡོར་གྱི་དཀྱིལ་འཁོར།	密集金刚手三十二尊曼荼罗	无上瑜伽部父续
DJQ-N-34	གསང་འདུས་ནམ་སྙིང་གི་དཀྱིལ་འཁོར།	密集虚空藏三十二尊曼荼罗	无上瑜伽部父续
DJQ-N-35	གསང་འདུས་འཇམ་དཔལ་གྱི་དཀྱིལ་འཁོར།	密集文殊三十二尊曼荼罗	无上瑜伽部父续
DJQ-N-36	གསང་འདུས་འཇིག་རྟེན་དབང་ཕྱུག་གི་དཀྱིལ་འཁོར།	密集世自在三十二尊曼荼罗	无上瑜伽部父续
DJQ-N-37	གསང་འདུས་སྒྲིབ་སེལ་གྱི་དཀྱིལ་འཁོར།	密集除盖障三十二尊曼荼罗	无上瑜伽部父续
DJQ-N-38	གསང་འདུས་ཀུན་བཟང་གི་དཀྱིལ་འཁོར།	密集普贤三十二尊曼荼罗	无上瑜伽部父续
DJQ-N-39	གསང་འདུས་སྒྲ་རྡོ་རྗེ་མའི་དཀྱིལ་འཁོར།	密集金刚声三十二尊曼荼罗	无上瑜伽部父续
DJQ-N-40	གསང་འདུས་དོན་གྲུབ་གྱི་དཀྱིལ་འཁོར།	密集不空成就三十二尊曼荼罗	无上瑜伽部父续
DJQ-N-41	རྡོ་རྗེ་ཕག་མོའི་དཀྱིལ་འཁོར།	金刚亥母七尊曼荼罗	无上瑜伽部母续
DJQ-N-42	གསང་འདུས་དབྱུག་སྔོན་ཅན་གྱི་དཀྱིལ་འཁོར།	密集蓝杖明王三十二尊曼荼罗	无上瑜伽部父续
DJQ-N-43	གསང་འདུས་ས་ཡི་སྙིང་པོའི་དཀྱིལ་འཁོར།	密集地藏金刚三十二尊曼荼罗	无上瑜伽部父续
DJQ-N-44	གསང་འདུས་བགེགས་མཐར་བྱེད་གྱི་དཀྱིལ་འཁོར།	密集伏魔金刚三十二尊曼荼罗	无上瑜伽部父续
DJQ-N-45	གསང་འདུས་ཀྱི་དཀྱིལ་འཁོར།	密集金刚三十二尊曼荼罗	无上瑜伽部父续
DJQ-N-46	དུས་འཁོར་གྱི་དཀྱིལ་འཁོར།	时轮金刚曼荼罗	无上瑜伽部母续
DJQ-N-47	ཀྱེ་རྡོར་ལྷ་དགུའི་དཀྱིལ་འཁོར།	喜金刚九尊曼荼罗	无上瑜伽部母续
DJQ-N-48	གསང་འདུས་མི་བསྐྱོད་པའི་དཀྱིལ་འཁོར།	密集不动佛三十二尊曼荼罗	无上瑜伽部父续
DJQ-N-49	ཀྱེ་རྡོར་ལྷ་དགུའི་དཀྱིལ་འཁོར།	喜金刚九尊曼荼罗	无上瑜伽部母续
DJQ-N-50	གསང་འདུས་ཀྱི་དཀྱིལ་འཁོར།	密集金刚三十二尊曼荼罗	无上瑜伽部父续
DJQ-N-51	གསང་འདུས་གནོད་མཛེས་ཀྱི་དཀྱིལ་འཁོར།	密集妙损明王三十二尊曼荼罗	无上瑜伽部父续
DJQ-N-52	གསང་འདུས་ཨུ་མ་ཀྲིའི་དཀྱིལ་འཁོར།	密集摩摩枳三十二尊曼荼罗	无上瑜伽部父续
DJQ-N-53	གསང་འདུས་བྱི་རྡོ་རྗེ་མའི་དཀྱིལ་འཁོར།	密集金刚香三十二尊曼荼罗	无上瑜伽部父续

图片编号	藏语名称	汉语名称	备注
DJQ-N-54	གསང་འདུས་རྡོ་རྗེ་རོ་རྗེ་མའི་དཀྱིལ་འཁོར།	密集金刚味三十二尊曼荼罗	无上瑜伽部父续
DJQ-N-55	གསང་འདུས་འཇམ་དཔལ་གྱི་དཀྱིལ་འཁོར།	密集文殊金刚十七尊曼荼罗	无上瑜伽部父续
DJQ-N-56	རྡོ་རྗེ་ཕག་མོ་ནག་མོའི་དཀྱིལ་འཁོར།	黑金刚亥母五尊曼荼罗	无上瑜伽部母续
DJQ-N-57	འཇིགས་བྱེད་ཀྱི་དཀྱིལ་འཁོར།	大威德四十九尊曼荼罗	无上瑜伽部父续
DJQ-N-58	གསང་འདུས་རྟ་མགྲིན་གྱི་དཀྱིལ་འཁོར།	密集马头明王三十二尊曼荼罗	无上瑜伽部父续
DJQ-N-59	གསང་འདུས་གཟུགས་རྡོ་རྗེ་མའི་དཀྱིལ་འཁོར།	密集金刚色三十二尊曼荼罗	无上瑜伽部父续
DJQ-N-60	གསང་འདུས་རྣམ་སྣང་གི་དཀྱིལ་འཁོར།	密集大日如来三十二尊曼荼罗	无上瑜伽部父续
DJQ-N-61	གསང་འདུས་སྨྲ་སྒོ་དྲུག་ཅུན་གྱི་དཀྱིལ་འཁོར།	密集不动金刚三十六尊曼荼罗	无上瑜伽部父续

表 3-5   多吉强殿平棋顶外层曼荼罗统计表

图片编号	藏语名称	汉语名称	备注
DJQ-W-1	རི་དབང་གི་རྒྱལ་པོ།	善住须弥山王佛	尊像
DJQ-W-2	ཆུ་ལྷའི་ལྷ།	水天中佛	尊像
DJQ-W-3	ཀུན་ནས་སྣང་བ་བཀོད་པ།	周匝庄严功德佛	尊像
DJQ-W-4	འཇམ་དབྱངས་དཀར་པོ།	白文殊菩萨	尊像
DJQ-W-5	སྲེད་མེད་ཀྱི་བུ།	那罗延佛	尊像
DJQ-W-6	འཇམ་དབྱངས།	文殊菩萨	尊像
DJQ-W-7	རྗེ་ཙོང་ཁ་པ།	宗喀巴大师	尊像
DJQ-W-8	དྲི་མ་མེད་པ།	无垢佛	尊像
DJQ-W-9	བེ་དུརྱའི་འོད་ཀྱི་རྒྱལ་པོ།	药师琉璃光佛	尊像
DJQ-W-10			尊像
DJQ-W-11	མི་འཁྲུགས་པ།	阿閦佛	尊像
DJQ-W-12	ཀླུ་དབང་གི་རྒྱལ་པོ།	龙尊王佛	尊像
DJQ-W-13	མེ་ཏོག་དཔལ།	功德华佛	尊像
DJQ-W-14	ཀུན་ནས་སྣང་བ་བཀོད་པ།	周匝庄严功德佛	尊像
DJQ-W-15	ཚེ་དཔག་མེད་ལྷ་དགུའི་དཀྱིལ་འཁོར།	无量寿九尊曼荼罗	事续莲花部

DJQ-W-16	མི་གཡོ་བའི་དཀྱིལ་འཁོར།	不动金刚九尊曼荼罗	事续如来部
DJQ-W-17	རིན་ཆེན་ཟླ་བ།	宝月如来	尊像
DJQ-W-18	ཙནྡན་དཔལ།	旃檀功德佛	尊像
DJQ-W-19	གཡུལ་ལས་རྣམ་རྒྱལ།	斗战胜佛	尊像
DJQ-W-20	ཚངས་པའི་འོད་ཟེར།	清净光游戏神通佛	尊像
DJQ-W-21	གཟི་བརྗིད་མཐའ་ཡས།	无量掬光佛	尊像
DJQ-W-22	དཔའ་སྦྱིན།	勇施佛	尊像
DJQ-W-23	རྣམ་པར་སྣང་མཛད།	大日如来佛	尊像
DJQ-W-24	ཆོས་སྒྲགས།	法海审音如来	尊像
DJQ-W-25	ཚེ་དཔག་མེད་ལྷ་དགུའི་དཀྱིལ་འཁོར།	无量寿九尊曼荼罗	事续莲花部
DJQ-W-26	ཚེ་དཔག་མེད་ལྷ་དགུའི་དཀྱིལ་འཁོར།	无量寿九尊曼荼罗	事续莲花部
DJQ-W-27	དྲན་པའི་དཔལ།	德念佛	尊像
DJQ-W-28	མཚན་དཔལ་ཡོངས་གྲགས།	善名称功德佛	尊像
DJQ-W-29	འོད་དཔལ།	光功德佛	尊像
DJQ-W-30	རིན་ཆེན་འབྱུང་ལྡན།	宝生佛	尊像
DJQ-W-31	རྣམ་གནོན་ག་ཤེགས་དཔལ།	善游步佛	尊像
DJQ-W-32	རིན་ཆེན་པདྨ་རྣམ་པར་གནོན་པ།	宝华游步佛	尊像
DJQ-W-33			尊像
DJQ-W-34	མཚན་ལེགས།	善名称吉祥如来	尊像
DJQ-W-35	དོན་ཡོད་གྲུབ་པ།	不空成就佛	尊像
DJQ-W-36	མྱ་ངན་མེད་པའི་དཔལ།	无忧德佛	尊像
DJQ-W-37	པདྨའི་འོད་ཟེར།	莲花光游戏神通佛	尊像
DJQ-W-38	ཤིན་ཏུ་རྣམ་པར་གནོན་པ།	善游步功德佛	尊像
DJQ-W-39			尊像
DJQ-W-40			尊像
DJQ-W-41	ཚེ་དཔག་མེད་ལྷ་དགུའི་དཀྱིལ་འཁོར།	无量寿九尊曼荼罗	事续莲花部
DJQ-W-42	སོ་སོར་འབྲང་བའི་དཀྱིལ་འཁོར།	随行佛母曼荼罗	事续五护部
DJQ-W-43	འཇམ་དཔལ་ནོན་པོ།	敏捷文殊菩萨	尊像
DJQ-W-44	འོད་དཔག་མེད།	无量光佛	尊像
DJQ-W-45	མར་མེ་མཛད།	燃灯佛	尊像

DJQ-W-46	མངོན་མཁྱེན་རྒྱལ་པོ།	法海胜慧游戏神通	尊像
DJQ-W-47			尊像
DJQ-W-48	རྣམ་གཟིགས་གཤེགས་དཔལ།	善游步佛	尊像
DJQ-W-49	ཤཱཀྱ་ཐུབ་པ།	释迦牟尼佛	尊像
DJQ-W-50	དཔལ་བཟང།	贤德佛	尊像
DJQ-W-51	ཀུན་རིག་གི་དཀྱིལ་འཁོར།	大日如来曼荼罗	行续如来部
DJQ-W-52	ཚེ་དཔག་མེད་ལྷ་དགུའི་དཀྱིལ་འཁོར།	无量寿九尊曼荼罗	事续莲花部
DJQ-W-53	ཚེ་དཔག་མེད་ལྷ་དགུའི་དཀྱིལ་འཁོར།	无量寿九尊曼荼罗	事续莲花部
DJQ-W-54	ཚེ་དཔག་མེད་ལྷ་དགུའི་དཀྱིལ་འཁོར།	无量寿九尊曼荼罗	事续莲花部
DJQ-W-55	ཚེ་དཔག་མེད་ལྷ་དགུའི་དཀྱིལ་འཁོར།	无量寿九尊曼荼罗	事续莲花部
DJQ-W-56	ཚེ་དཔག་མེད་ལྷ་དགུའི་དཀྱིལ་འཁོར།	无量寿九尊曼荼罗	事续莲花部
DJQ-W-57	ཚེ་དཔག་མེད་ལྷ་དགུའི་དཀྱིལ་འཁོར།	无量寿九尊曼荼罗	事续莲花部
DJQ-W-58	ཚེ་དཔག་མེད་ལྷ་དགུའི་དཀྱིལ་འཁོར།	无量寿九尊曼荼罗	事续莲花部
DJQ-W-59	ཚེ་དཔག་མེད་ལྷ་དགུའི་དཀྱིལ་འཁོར།	无量寿九尊曼荼罗	事续莲花部
DJQ-W-60	ཚེ་དཔག་མེད་ལྷ་དགུའི་དཀྱིལ་འཁོར།	无量寿九尊曼荼罗	事续莲花部
DJQ-W-61	ཚེ་དཔག་མེད་ལྷ་དགུའི་དཀྱིལ་འཁོར།	无量寿九尊曼荼罗	事续莲花部
DJQ-W-62	ཚེ་དཔག་མེད་ལྷ་དགུའི་དཀྱིལ་འཁོར།	无量寿九尊曼荼罗	事续莲花部
DJQ-W-63	ཚེ་དཔག་མེད་ལྷ་དགུའི་དཀྱིལ་འཁོར།	无量寿九尊曼荼罗	事续莲花部
DJQ-W-64	ཚེ་དཔག་མེད་ལྷ་དགུའི་དཀྱིལ་འཁོར།	无量寿九尊曼荼罗	事续莲花部
DJQ-W-65	རྡོ་རྗེ་སེམས་དཔའི་དཀྱིལ་འཁོར།	金刚萨埵曼荼罗	无上瑜伽部母续
DJQ-W-66	ཚེ་དཔག་མེད་ལྷ་དགུའི་དཀྱིལ་འཁོར།	无量寿九尊曼荼罗	事续莲花部
DJQ-W-67	ཚེ་དཔག་མེད་ལྷ་དགུའི་དཀྱིལ་འཁོར།	无量寿九尊曼荼罗	事续莲花部
DJQ-W-68	ཚེ་དཔག་མེད་ལྷ་དགུའི་དཀྱིལ་འཁོར།	无量寿九尊曼荼罗	事续莲花部
DJQ-W-69	ཚེ་དཔག་མེད་ལྷ་དགུའི་དཀྱིལ་འཁོར།	无量寿九尊曼荼罗	事续莲花部
DJQ-W-70	ཚེ་དཔག་མེད་ལྷ་དགུའི་དཀྱིལ་འཁོར།	无量寿九尊曼荼罗	事续莲花部
DJQ-W-71	ཚེ་དཔག་མེད་ལྷ་དགུའི་དཀྱིལ་འཁོར།	无量寿九尊曼荼罗	事续莲花部
DJQ-W-72	ཚེ་དཔག་མེད་ལྷ་དགུའི་དཀྱིལ་འཁོར།	无量寿九尊曼荼罗	事续莲花部
DJQ-W-73	ཚེ་དཔག་མེད་ལྷ་དགུའི་དཀྱིལ་འཁོར།	无量寿九尊曼荼罗	事续莲花部
DJQ-W-74	སྤྱན་རས་གཟིགས་བཅུ་གཅིག་ཞལ་གྱི་དཀྱིལ་འཁོར།	十一面观音五尊曼荼罗	事续莲花部

DJQ-W-75	ཚེ་དཔག་མེད་ལྷ་དགུའི་དཀྱིལ་འཁོར།	无量寿九尊曼荼罗	事续莲花部
DJQ-W-76	ཚེ་དཔག་མེད་ལྷ་དགུའི་དཀྱིལ་འཁོར།	无量寿九尊曼荼罗	事续莲花部
DJQ-W-77	འཇམ་དབྱངས་དཀར་པོ་ཕྱག་བཞི་པའི་དཀྱིལ་འཁོར།	四臂白文殊五尊曼荼罗	事续如来部
DJQ-W-78	ཚེ་དཔག་མེད་ལྷ་དགུའི་དཀྱིལ་འཁོར།	无量寿九尊曼荼罗	事续莲花部
DJQ-W-79	ཚེ་དཔག་མེད་ལྷ་དགུའི་དཀྱིལ་འཁོར།	无量寿九尊曼荼罗	事续莲花部
DJQ-W-80	ཚེ་དཔག་མེད་ལྷ་དགུའི་དཀྱིལ་འཁོར།	无量寿九尊曼荼罗	事续莲花部
DJQ-W-81	ཚེ་དཔག་མེད་ལྷ་དགུའི་དཀྱིལ་འཁོར།	无量寿九尊曼荼罗	事续莲花部
DJQ-W-82	ཚེ་དཔག་མེད་ལྷ་དགུའི་དཀྱིལ་འཁོར།	无量寿九尊曼荼罗	事续莲花部
DJQ-W-83	མི་འཁྲུགས་པའི་དཀྱིལ་འཁོར།	不动金刚十三尊曼荼罗	事续金刚部
DJQ-W-84	ཚེ་དཔག་མེད་ལྷ་དགུའི་དཀྱིལ་འཁོར།	无量寿九尊曼荼罗	事续莲花部
DJQ-W-85	སངས་རྒྱས་ཐོད་པ་ལྷ་དགུའི་དཀྱིལ་འཁོར།	佛顶九尊曼荼罗	无上瑜伽部母续
DJQ-W-86	ཚེ་དཔག་མེད་ལྷ་དགུའི་དཀྱིལ་འཁོར།	无量寿九尊曼荼罗	事续莲花部
DJQ-W-87	ཚེ་དཔག་མེད་ལྷ་དགུའི་དཀྱིལ་འཁོར།	无量寿九尊曼荼罗	事续莲花部
DJQ-W-88	ལྷ་མོ་དཔག་ལྷའི་དཀྱིལ་འཁོར།	金刚亥母十三尊曼荼罗	无上瑜母续
DJQ-W-89	ཚེ་དཔག་མེད་ལྷ་དགུའི་དཀྱིལ་འཁོར།	无量寿九尊曼荼罗	事续莲花部
DJQ-W-90	ཚེ་དཔག་མེད་ལྷ་དགུའི་དཀྱིལ་འཁོར།	无量寿九尊曼荼罗	事续莲花部
DJQ-W-91	ཚེ་དཔག་མེད་ལྷ་དགུའི་དཀྱིལ་འཁོར།	无量寿九尊曼荼罗	事续莲花部
DJQ-W-92	ཚེ་དཔག་མེད་ལྷ་དགུའི་དཀྱིལ་འཁོར།	无量寿九尊曼荼罗	事续莲花部
DJQ-W-93	ཚེ་དཔག་མེད་ལྷ་དགུའི་དཀྱིལ་འཁོར།	无量寿九尊曼荼罗	事续莲花部
DJQ-W-94	ཚེ་དཔག་མེད་ལྷ་དགུའི་དཀྱིལ་འཁོར།	无量寿九尊曼荼罗	事续莲花部
DJQ-W-95	ཚེ་དཔག་མེད་ལྷ་དགུའི་དཀྱིལ་འཁོར།	无量寿九尊曼荼罗	事续莲花部
DJQ-W-96	འཇིགས་བྱེད་ལྷ་བཅུ་གསུམ་མའི་དཀྱིལ་འཁོར།	大威德十三尊曼荼罗	无上瑜伽部父续
DJQ-W-97	འོད་ཟེར་ཅན་མའི་དཀྱིལ་འཁོར།	摩利支天二十一尊曼荼罗	事续部母
DJQ-W-98	ཀུ་རུ་ཀུ་ལླེའི་དཀྱིལ་འཁོར།	拘留拘啰曼荼罗	无上瑜伽部
DJQ-W-99	གདུགས་དཀར་གྱི་དཀྱིལ་འཁོར།	大白伞盖二十四尊曼荼罗	事续顶髻部
DJQ-W-100		曼荼罗	
DJQ-W-101	སོ་སོར་འབྲང་མའི་དཀྱིལ་འཁོར།	随行佛母五尊曼荼罗	事续五护部
DJQ-W-102	རྣམ་པར་སྣང་མཛད་ཀྱི་དཀྱིལ་འཁོར།	大日如来曼荼罗	无上瑜伽部父续

DJQ-W-103		曼荼罗	
DJQ-W-104	སངས་རྒྱས་གནས་བརྟན་བཅུ་དྲུག་གིས་བསྐོར་བའི་དཀྱིལ་འཁོར།	佛陀与十六罗汉曼荼罗	事续如来部
DJQ-W-105	རྡོ་རྗེ་སེམས་དཔའི་དཀྱིལ་འཁོར།	金刚萨埵九尊曼荼罗	无上瑜伽部母续
DJQ-W-106	སངས་རྒྱས་ཀྱི་དཀྱིལ་འཁོར།	佛陀九尊曼荼罗	事续如来部
DJQ-W-107	འཇམ་དབྱངས་ཀྱི་དཀྱིལ་འཁོར།	文殊菩萨五尊曼荼罗	事续莲花部
DJQ-W-108	ཕྱག་ན་རྡོ་རྗེའི་དཀྱིལ་འཁོར།	金刚手五尊曼荼罗	事续金刚部
DJQ-W-109	རྡོར་གདན་བཞིའི་དཀྱིལ་འཁོར།	金刚座五十七尊曼荼罗	无上瑜伽部父续
DJQ-W-110	རྡོ་རྗེ་སེམས་དཔའི་དཀྱིལ་འཁོར།	金刚萨埵五尊曼荼罗	无上瑜伽部母续
DJQ-W-111	རྡོ་རྗེ་སེམས་དཔའི་དཀྱིལ་འཁོར།	金刚萨埵五尊曼荼罗	无上瑜伽部母续
DJQ-W-112	རྡོ་རྗེ་སེམས་དཔའི་དཀྱིལ་འཁོར།	金刚萨埵五尊曼荼罗	无上瑜伽部母续
DJQ-W-113	སངས་རྒྱས་གཙུག་ཏོར་ལྷ་དགུའི་དཀྱིལ་འཁོར།	佛颅九尊曼荼罗	无上瑜伽部母续
DJQ-W-114	འདུལ་བ་འདུལ་བྱེད་ཀྱི་དཀྱིལ་འཁོར།	调伏部多金刚三十三尊曼荼罗	事续金刚部
DJQ-W-115	སྒྲོལ་ལྗང་གི་དཀྱིལ་འཁོར།	绿度母五尊曼荼罗	事续莲花部
DJQ-W-116	སྒྲོལ་མ་བླ་མེད་ཀྱི་དཀྱིལ་འཁོར།	无上度母十七尊曼荼罗	无上瑜伽部母续
DJQ-W-117	སྒྲོལ་མ་གསེར་མོའི་དཀྱིལ་འཁོར།	金色度母十一尊曼荼罗	事续莲花部
DJQ-W-118	རྡོ་རྗེ་སེམས་དཔའི་དཀྱིལ་འཁོར།	金刚萨埵十三尊曼荼罗	无上瑜伽部母续
DJQ-W-119	ཕྱག་ན་རྡོ་རྗེའི་དཀྱིལ་འཁོར།	金刚手五尊曼荼罗	事续金刚部
DJQ-W-120		曼荼罗	
DJQ-W-121	ཚེ་དཔག་མེད་ལྷ་དགུའི་དཀྱིལ་འཁོར།	无量寿九尊曼荼罗	事续莲花部
DJQ-W-122	ཚེ་དཔག་མེད་ལྷ་དགུའི་དཀྱིལ་འཁོར།	无量寿九尊曼荼罗	事续莲花部
DJQ-W-123	རྒྱལ་བ་རིགས་ལྔའི་དཀྱིལ་འཁོར།	五方佛五尊曼荼罗	瑜伽部
DJQ-W-124	ཚེ་དཔག་མེད་ལྷ་དགུའི་དཀྱིལ་འཁོར།	无量寿九尊曼荼罗	事续莲花部
DJQ-W-125	རྣམ་སྣང་སྐུའི་དཀྱིལ་འཁོར།	大日如来身曼荼罗	行部如来类
DJQ-W-126	རྡོ་རྗེ་སེམས་དཔའ་རྒྱལ་ཆེན་བཞིས་བསྐོར་བའི་དཀྱིལ་འཁོར།	金刚萨埵与四大天王曼荼罗	无上瑜伽部母续
DJQ-W-127	ཤ་བ་རིའི་དཀྱིལ་འཁོར།	叶衣佛母九尊曼荼罗	事续莲花部
DJQ-W-128	རྡོ་རྗེ་སེམས་དཔའི་དཀྱིལ་འཁོར།	金刚萨埵九尊曼荼罗	无上瑜伽部母续
DJQ-W-129	ཕྱག་ན་རྡོ་རྗེ་ཕྱགས་ཀྱི་དཀྱིལ་འཁོར།	金刚手十三尊曼荼罗	事续金刚部

DJQ-W-130	གདམས་ཆོས་ལུགས་ཀྱི་ཕྱགས་རྗེ་ཆེན་པོ་ རྒྱ་དམར་བའི་དཀྱིལ་འཁོར།	大悲胜海红观音九尊曼荼罗	事续莲花部
DJQ-W-131	ཚེ་དཔག་མེད་གསུང་ཀྱི་དཀྱིལ་ འཁོར།	无量寿语五尊曼荼罗	事续莲花部
DJQ-W-132	ཀྱེའི་རྡོ་རྗེ་རིགས་ལྔའི་དཀྱིལ་འཁོར།	喜金刚四十尊曼荼罗	无上瑜伽部母续

第三节　大经堂曼荼罗

　　大经堂坐西向东，东西长 12 米，南北宽 15 米，平面呈长方形"回"字结构，重檐歇山式屋顶。大经堂内环绕一周的立柱不仅分割了内部空间的使用功能，同时也将该殿平棋天花分为内外两层，使其呈

图 3-3　　大经堂平棋与曼荼罗布局图

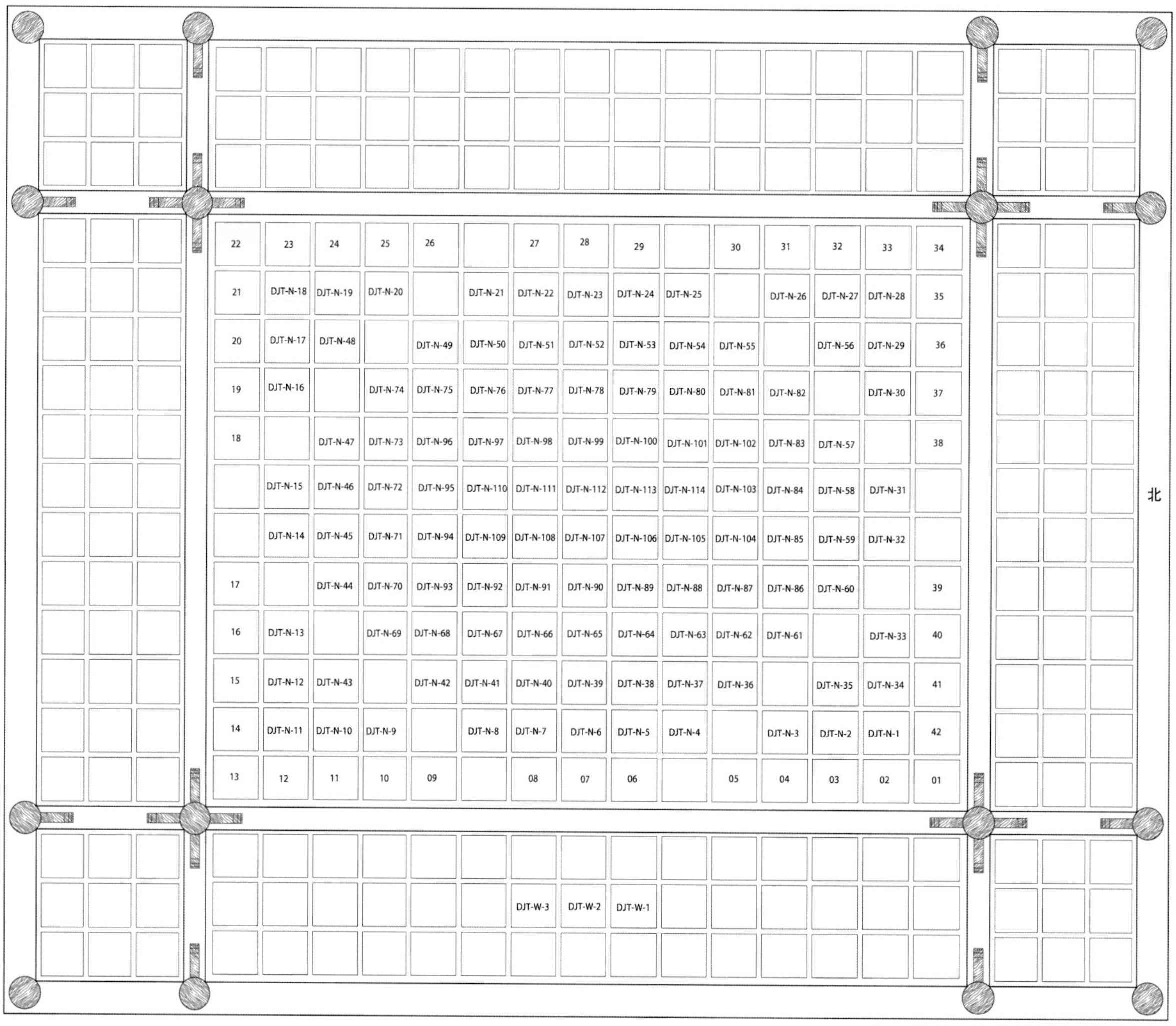

天井式构造。该殿外层的平棋即殿内回廊部分，距离地面高约3米，回廊顶部以梁架和木板将回廊分成两层，并设有通向二层回廊的楼梯（依据结构，该殿二层回廊设置在室外）。内层的平棋在大经堂集会空间正上方，比回廊处天花高约3米，平棋四面中央以菱形梁架相连加以巩固。大经堂整个殿内平棋呈天井式构造，大经堂内部环绕一周的回廊比其中的集会空间东西南北各宽约4米。整个建筑一层和二层南、北墙各开4眼窗户，左右对称。一层东面（正面）开一正两副三眼门，二层东面为格窗。

大经堂内层天花为15米×12米的平棋结构，180块天花板共绘制曼荼罗114幅，其余菱形梁架横穿处和环绕一周的天花板均绘制了装饰图案，共计66块（其中4幅已经剥落）；外层天花板并排三列绕回廊一周（其中由回廊通向二层的楼梯占用2块），正门上方绘制了3幅曼荼罗。回廊部分196块平棋天花中绘制装饰图案193幅、曼荼罗3幅。大经堂内外两层376块平棋天花板中共绘制曼荼罗117幅，其他装饰图案和梵文书写的六字真言等259幅（5幅剥落损毁）。

表 3-6　　大经堂平棋顶内层曼荼罗统计表

图片编号	藏语名称	汉语名称	备注
DJT-N-1	ཚེ་དཔག་མེད་ལྷ་དགུའི་དཀྱིལ་འཁོར།	无量寿九尊曼荼罗	事续莲花部（图像）
DJT-N-2	ཚེ་དཔག་མེད་ལྷ་དགུའི་དཀྱིལ་འཁོར།	无量寿九尊曼荼罗	事续莲花部（图像）
DJT-N-3	གཤིན་རྗེ་གཤེད་ཀྱི་དཀྱིལ་འཁོར།	阎魔敌曼荼罗	无上瑜伽部父续（字母）
DJT-N-4	ཚེ་དཔག་མེད་ལྷ་དགུའི་དཀྱིལ་འཁོར།	无量寿九尊曼荼罗	事续莲花部（图像）
DJT-N-5	ཚེ་དཔག་མེད་ལྷ་དགུའི་དཀྱིལ་འཁོར།	无量寿九尊曼荼罗	事续莲花部（图像）
DJT-N-6	ཚེ་དཔག་མེད་ལྷ་དགུའི་དཀྱིལ་འཁོར།	无量寿九尊曼荼罗	事续莲花部（图像）
DJT-N-7	ཚེ་དཔག་མེད་ལྷ་དགུའི་དཀྱིལ་འཁོར།	无量寿九尊曼荼罗	事续莲花部（图像）
DJT-N-8	ཚེ་དཔག་མེད་ལྷ་དགུའི་དཀྱིལ་འཁོར།	无量寿九尊曼荼罗	事续莲花部（图像）
DJT-N-9	ཚེ་དཔག་མེད་ལྷ་དགུའི་དཀྱིལ་འཁོར།	无量寿九尊曼荼罗	事续莲花部（图像）
DJT-N-10	རྒྱན་རིས།	装饰画	（图像）
DJT-N-11	ཚེ་དཔག་མེད་ལྷ་དགུའི་དཀྱིལ་འཁོར།	无量寿九尊曼荼罗	事续莲花部（图像）
DJT-N-12	ཚེ་དཔག་མེད་ལྷ་དགུའི་དཀྱིལ་འཁོར།	无量寿九尊曼荼罗	事续莲花部（图像）
DJT-N-13	ཚེ་དཔག་མེད་ལྷ་དགུའི་དཀྱིལ་འཁོར།	无量寿九尊曼荼罗	事续莲花部（图像）
DJT-N-14	ཚེ་དཔག་མེད་ལྷ་དགུའི་དཀྱིལ་འཁོར།	无量寿九尊曼荼罗	事续莲花部（图像）
DJT-N-15	ཚེ་དཔག་མེད་ལྷ་དགུའི་དཀྱིལ་འཁོར།	无量寿九尊曼荼罗	事续莲花部（图像）
DJT-N-16		曼荼罗	（明点）

DJT-N-17	ཚེ་དཔག་མེད་ལྷ་དགུའི་དཀྱིལ་འཁོར།	无量寿九尊曼荼罗	事续莲花部（字母）
DJT-N-18	ཚེ་དཔག་མེད་ལྷ་དགུའི་དཀྱིལ་འཁོར།	无量寿九尊曼荼罗	事续莲花部（字母）
DJT-N-19	ཚེ་དཔག་མེད་ལྷ་དགུའི་དཀྱིལ་འཁོར།	无量寿九尊曼荼罗	事续莲花部（图像）
DJT-N-20	ཚེ་དཔག་མེད་ལྷ་དགུའི་དཀྱིལ་འཁོར།	无量寿九尊曼荼罗	事续莲花部（图像）
DJT-N-21	ཚེ་དཔག་མེད་ལྷ་དགུའི་དཀྱིལ་འཁོར།	无量寿九尊曼荼罗	事续莲花部（图像）
DJT-N-22	ཚེ་དཔག་མེད་ལྷ་དགུའི་དཀྱིལ་འཁོར།	无量寿九尊曼荼罗	事续莲花部（图像）
DJT-N-23	ཚེ་དཔག་མེད་ལྷ་དགུའི་དཀྱིལ་འཁོར།	无量寿九尊曼荼罗	事续莲花部（图像）
DJT-N-24	ཚེ་དཔག་མེད་ལྷ་དགུའི་དཀྱིལ་འཁོར།	无量寿九尊曼荼罗	事续莲花部（图像）
DJT-N-25	ཚེ་དཔག་མེད་ལྷ་དགུའི་དཀྱིལ་འཁོར།	无量寿九尊曼荼罗	事续莲花部（图像）
DJT-N-26	ཚེ་དཔག་མེད་ལྷ་དགུའི་དཀྱིལ་འཁོར།	无量寿九尊曼荼罗	事续莲花部（图像）
DJT-N-27	ཕྱགས་རྗེ་ཆེན་པོའི་དཀྱིལ་འཁོར།།	四臂观音五尊曼荼罗	事续莲花部（图像）
DJT-N-28	ཚེ་དཔག་མེད་ལྷ་དགུའི་དཀྱིལ་འཁོར།	无量寿九尊曼荼罗	事续莲花部（图像）
DJT-N-29	ཚེ་དཔག་མེད་ལྷ་དགུའི་དཀྱིལ་འཁོར།	无量寿九尊曼荼罗	事续莲花部（图像）
DJT-N-30	ཚེ་དཔག་མེད་ལྷ་དགུའི་དཀྱིལ་འཁོར།	无量寿九尊曼荼罗	事续莲花部（图像）
DJT-N-31	ཚེ་དཔག་མེད་ལྷ་དགུའི་དཀྱིལ་འཁོར།	无量寿九尊曼荼罗	事续莲花部（图像）
DJT-N-32	ཚེ་དཔག་མེད་ལྷ་དགུའི་དཀྱིལ་འཁོར།	无量寿九尊曼荼罗	事续莲花部（图像）
DJT-N-33	ཕྱགས་རྗེ་ཆེན་པོའི་དཀྱིལ་འཁོར།།	四臂观音五尊曼荼罗	事续莲花部（图像）
DJT-N-34		曼荼罗	（字母＋明点）
DJT-N-35	ཚེ་དཔག་མེད་ལྷ་དགུའི་དཀྱིལ་འཁོར།	无量寿九尊曼荼罗	事续莲花部（图像）
DJT-N-36	ཚེ་དཔག་མེད་ལྷ་དགུའི་དཀྱིལ་འཁོར།	无量寿九尊曼荼罗	事续莲花部（字母）
DJT-N-37	ཀྱེ་རྡོ་རྗེའི་དཀྱིལ་འཁོར།	喜金刚曼荼罗	无上瑜伽部母续（字母）
DJT-N-38	ཀྱེ་རྡོ་རྗེའི་དཀྱིལ་འཁོར།	喜金刚曼荼罗	无上瑜伽部母续（字母）
DJT-N-39	གསང་འདུས་ལྷ་སོ་གཉིས་ཀྱི་དཀྱིལ་འཁོར།	密集金刚三十二尊曼荼罗	无上瑜伽部父续（字母）
DJT-N-40	ཚེ་དཔག་མེད་ལྷ་དགུའི་དཀྱིལ་འཁོར།	无量寿九尊曼荼罗	事续莲花部（字母）
DJT-N-41	གཤིན་རྗེ་གཤེད་ཀྱི་དཀྱིལ་འཁོར།	阎魔敌曼荼罗	无上瑜伽部父续（字母）
DJT-N-42		曼荼罗	（字母）
DJT-N-43	ཁྲོ་བོ་ཧཱུྃ་རྡོར་ལྷ་བཅུ་གཅིག་གི་དཀྱིལ་འཁོར།	愤怒作"吽"曼荼罗	无上瑜伽部（字母）
DJT-N-44	འཇིགས་བྱེད་དཔའ་གཅིག་གི་དཀྱིལ་འཁོར།	大威德独尊曼荼罗	无上瑜伽部父续（字母）

DJT-N-45		曼荼罗	（字母）
DJT-N-46		曼荼罗	（字母＋明点）
DJT-N-47	རྡོ་རྗེ་བདུད་རྩི་ལྷ་ཉེར་གཅིག་གི་དཀྱིལ་འཁོར།	金刚甘露二十一尊曼荼罗	瑜伽部（字母＋明点）
DJT-N-48		曼荼罗	（明点）
DJT-N-49	ཕྱགས་རྗེ་ཆེན་པོའི་དཀྱིལ་འཁོར།	观音曼荼罗	事续莲花部（字母）
DJT-N-50	སྒྱུན་རས་གཟིགས་པདྨོའི་དྲ་བ་ཅན་གྱི་དཀྱིལ་འཁོར།	莲花网观音曼荼罗	事续莲花部（明点）
DJT-N-51	ཕྱགས་རྗེ་ཆེན་པོའི་དཀྱིལ་འཁོར།	观音曼荼罗	事续莲花部（字母）
DJT-N-52	ཕྱགས་རྗེ་ཆེན་པོའི་དཀྱིལ་འཁོར།	四臂观音五尊曼荼罗	事续莲花部（图像）
DJT-N-53	ཚེ་དཔག་མེད་ལྷ་དགུའི་དཀྱིལ་འཁོར།	无量寿九尊曼荼罗	事续莲花部（字母）
DJT-N-54		曼荼罗	（字母）
DJT-N-55	འཇམ་དབྱངས་ཀྱི་དཀྱིལ་འཁོར།	文殊五尊曼荼罗	事续如来部（标识＋明点）
DJT-N-56	ཕྱགས་རྗེ་ཆེན་པོའི་དཀྱིལ་འཁོར།	四臂观音五尊曼荼罗	事续莲花部（图像）
DJT-N-57	ཕྱགས་རྗེ་ཆེན་པོ་བཅུ་གཅིག་ཞལ་གྱི་དཀྱིལ་འཁོར།	十一面观音五尊曼荼罗	事续莲花部（图像）
DJT-N-58	ཕྱགས་རྗེ་ཆེན་པོའི་དཀྱིལ་འཁོར།	四臂观音五尊曼荼罗	事续莲花部（图像）
DJT-N-59	ཚེ་དཔག་མེད་ལྷ་དགུའི་དཀྱིལ་འཁོར།	无量寿九尊曼荼罗	事续莲花部（字母）
DJT-N-60	ཕྱགས་རྗེ་ཆེན་པོའི་དཀྱིལ་འཁོར།	观音曼荼罗	事续莲花部（字母）
DJT-N-61	རྗེ་སྒྲོལ་མ་ལྷ་ཉེར་གཅིག་གི་དཀྱིལ་འཁོར།	度母二十一尊曼荼罗	无上瑜伽部（字母）
DJT-N-62		曼荼罗	（字母＋明点）
DJT-N-63	ཚེ་དཔག་མེད་ལྷ་དགུའི་དཀྱིལ་འཁོར།	无量寿九尊曼荼罗	事续莲花部（标识）
DJT-N-64	ཚེ་དཔག་མེད་ལྷ་དགུའི་དཀྱིལ་འཁོར།	无量寿九尊曼荼罗	事续莲花部（字母）
DJT-N-65	ཕྱགས་རྗེ་ཆེན་པོའི་དཀྱིལ་འཁོར།	观音曼荼罗	事续莲花部（字母）
DJT-N-66		曼荼罗	（字母＋明点）
DJT-N-67		曼荼罗	（字母＋明点）
DJT-N-68		曼荼罗	（字母）
DJT-N-69		曼荼罗	（字母＋明点）
DJT-N-70	བདེ་མཆོག་འཁོར་ལོ་སྡོམ་དྲུག་གི་དཀྱིལ་འཁོར།	胜乐六转轮曼荼罗	无上瑜伽部母续（字母）
DJT-N-71	གཤིན་རྗེ་གཤེད་ཀྱི་དཀྱིལ་འཁོར།	阎魔敌曼荼罗	无上瑜伽部父续（字母）

DJT-N-72	མི་འཁྲུགས་པའི་དཀྱིལ་འཁོར།	阿閦佛曼荼罗	事续金刚部（标识）
DJT-N-73	འཇིགས་བྱེད་ལྷ་བཅུ་གསུམ་གྱི་དཀྱིལ་འཁོར།	大威德十三尊曼荼罗	无上瑜伽部父续（字母）
DJT-N-74	སྨན་བླའི་དཀྱིལ་འཁོར།	药师佛曼荼罗	事续如来部（字母＋明点）
DJT-N-75	ཛམ་ལྷ་ལ་སེར་པོའི་དཀྱིལ་འཁོར།	赞巴拉曼荼罗	事续世间部（字母）
DJT-N-76		曼荼罗	（字母＋明点）
DJT-N-77		曼荼罗	（字母）
DJT-N-78		曼荼罗	（标识＋明点）
DJT-N-79		曼荼罗	（字母）
DJT-N-80		曼荼罗	（字母）
DJT-N-81	ཚེ་དཔག་མེད་ལྷ་དགུའི་དཀྱིལ་འཁོར།	无量寿九尊曼荼罗	事续莲花部（字母＋明点）
DJT-N-82	གསང་འདུས་མི་བསྐྱོད་རྡོ་རྗེ་ལྷ་སོ་གཉིས་ཀྱི་དཀྱིལ་འཁོར།	密集不动金刚三十二尊曼荼罗	无上瑜伽部父续（字母＋标识）
DJT-N-83		曼荼罗	（字母）
DJT-N-84	ཕྱགས་རྗེ་ཆེན་པོའི་དཀྱིལ་འཁོར།	观音菩萨曼荼罗	事续莲花部（字母）
DJT-N-85	ཕྱགས་རྗེ་ཆེན་པོའི་དཀྱིལ་འཁོར།	观音菩萨曼荼罗	事续莲花部（字母）
DJT-N-86	དུས་འཁོར་གྱི་དཀྱིལ་འཁོར།	时轮金刚曼荼罗	无上瑜伽部母续（字母＋明点）
DJT-N-87		曼荼罗	（字母）
DJT-N-88		曼荼罗	（字母）
DJT-N-89	རྡོ་རྗེ་ཕག་མོའི་དཀྱིལ་འཁོར།	金刚亥母曼荼罗	无上瑜伽部母续（字母）
DJT-N-90		曼荼罗	（字母）
DJT-N-91	རྡོ་རྗེ་ཕག་མོའི་དཀྱིལ་འཁོར།	金刚亥母曼荼罗	无上瑜伽部母续（字母）
DJT-N-92	བདེ་མཆོག་གི་དཀྱིལ་འཁོར།	胜乐金刚曼荼罗	无上瑜伽部母续（字母）
DJT-N-93	རྣམ་སྣང་མངོན་བྱང་གི་དཀྱིལ་འཁོར།	大日如来曼荼罗	行部如来类（字母）
DJT-N-94		曼荼罗	（字母＋明点）
DJT-N-95	རྡོ་རྗེ་ཕག་མོའི་དཀྱིལ་འཁོར།	金刚亥母曼荼罗	无上瑜伽部母续（字母）
DJT-N-96		曼荼罗	（字母＋标识）
DJT-N-97		曼荼罗	（字母）
DJT-N-98	བདེ་མཆོག་གི་དཀྱིལ་འཁོར།	胜乐金刚曼荼罗	无上瑜伽部母续（字母＋明点）
DJT-N-99	སྐྱིད་པོ་ཀྱི་རྡོ་རྗེའི་དཀྱིལ་འཁོར།	喜金刚曼荼罗	无上瑜伽部母续（字母）
DJT-N-100		曼荼罗	（字母）

DJT-N-101		曼荼罗	（字母＋明点）
DJT-N-102	དུས་འཁོར་གྱི་དཀྱིལ་འཁོར།	时轮金刚曼荼罗	无上瑜伽部母续（明点）
DJT-N-103		曼荼罗	（字母＋明点）
DJT-N-104	ཀྱེ་རྡོ་རྗེའི་དཀྱིལ་འཁོར།	喜金刚曼荼罗	无上瑜伽部母续（字母）
DJT-N-105	བདེ་མཆོག་གི་དཀྱིལ་འཁོར།	胜乐金刚曼荼罗	无上瑜伽部母续（字母）
DJT-N-106	མཁའ་འགྲོ་རིགས་ལྔ་དང་གཅིག་གི་དཀྱིལ་འཁོར།	五部空行曼荼罗	无上瑜伽部（字母＋明点）
DJT-N-107	མི་འཁྲུགས་པའི་དཀྱིལ་འཁོར།	阿閦佛曼荼罗	事续金刚部（图像）
DJT-N-108	གསང་བ་འདུས་པའི་དཀྱིལ་འཁོར།	密集金刚曼荼罗	无上瑜伽部父续（图像＋字母）
DJT-N-109	མི་འཁྲུགས་པའི་དཀྱིལ་འཁོར།	阿閦佛曼荼罗	事续金刚部（图像）
DJT-N-110		曼荼罗	（标识）
DJT-N-111	རྡོ་རྗེ་ཕག་མོའི་དཀྱིལ་འཁོར།	金刚亥母曼荼罗	无上瑜伽部母续（字母）
DJT-N-112	རྣམ་སྣང་མངོན་བྱང་གི་དཀྱིལ་འཁོར།	大日如来曼荼罗	行部如来类（字母）
DJT-N-113	གསང་བ་འདུས་པའི་དཀྱིལ་འཁོར།	密集金刚曼荼罗	无上瑜伽部父续（图像＋字母）
DJT-N-114	འཇིགས་བྱེད་ཀྱི་དཀྱིལ་འཁོར།	大威德金刚曼荼罗	无上瑜伽部父续（图像＋字母）

表 3-7　　大经堂平棋顶外层曼荼罗统计表

图片编号	藏语名称	汉语名称	备注
DJT-W-1	ཚེ་དཔག་མེད་ལྔ་དགུའི་དཀྱིལ་འཁོར།	无量寿九尊曼荼罗	事续莲花部（图像）
DJT-W-2	ཚེ་དཔག་མེད་ལྔ་དགུའི་དཀྱིལ་འཁོར།	无量寿九尊曼荼罗	事续莲花部（图像）
DJT-W-3	ཚེ་དཔག་མེད་ལྔ་དགུའི་དཀྱིལ་འཁོར།	无量寿九尊曼荼罗	事续莲花部（图像）

　　大经堂所存 117 幅平棋曼荼罗中只有少量曼荼罗绘画了具体的尊像，其余大部分曼荼罗中没有绘画尊像形象，只是以藏文或梵文等代替尊像的种子字曼荼罗，[7] 还有一些作品是绘画了象征主尊所持法器的三昧耶曼荼罗，甚至还有以"圆点"符号来代替其中的尊像曼荼罗，表现方法相对简约。也就是说该殿曼荼罗在表现手法上囊括了大曼荼罗、三昧耶曼荼罗、种子字曼荼罗等多种表现形式。甚至有些即便是同一题材也往往使用了上述几种表现方法，这种方法既满足了对作品在数量上的需求，又节约大量资金和绘画时间，同时也有效杜绝了视觉感受中的重复性，极大地丰富了视觉效果。

　　从现场考察来看，大经堂中描绘了具体尊像的曼荼罗作品主要集中在平棋中央，内容主要包括不动金刚佛（阿閦佛）、四臂观音、十一面观音、胜乐金刚、密集金刚、大威德金刚等。其中两幅不动金刚佛曼荼罗被并列安置在平棋正中，环绕不动金刚佛曼荼罗有四臂观音、十一面观音、胜乐金刚、密集金刚、大威德金刚、时轮金刚等题材的曼荼罗作品也绘画有具体尊像。它们的外围还环绕绘制了40幅无量寿九尊主题的曼荼罗作品，而且大部分无量寿九尊曼荼罗是以种子字形式表现的。值得注意的是妙因寺万岁殿、多吉强殿和大经堂平棋绘画中保存了近两百幅无量寿九尊曼荼罗作品，该题材作品在妙因寺平棋曼荼罗绘画中占有数量上的绝对优势。

大经堂是妙因寺保存曼荼罗数量最多的殿堂之一，但是大经堂内曼荼罗全部为纸面绘画后粘贴于天花上，在绘画技巧和表现方法上略逊于万岁殿和多吉强殿。尽管这也是曼荼罗常见的一种表现方法，但根据仪轨"此类曼荼罗乃资力不足时所修，故不能当作绘画主尊形像之大曼荼罗来修法"，所以，相比之下大经堂平棋曼荼罗在其功能上更具有供奉或装饰意蕴，只注重形式。

从总体布局来看，大经堂所有曼荼罗图像在排列上也遵循了一定的规律，如不动金刚曼荼罗、大威德曼荼罗、时轮金刚曼荼罗等无上瑜伽部曼荼罗被安置于平棋正中，其余则依次按规律环绕在四周。众多的曼荼罗在平面布局上组合成一个巨型的曼荼罗列阵，排列中充分考虑了个体与整体的关系，不仅达到了预期的供奉目的，而且也营造了良好的装饰效果，极具观赏性。大经堂所存曼荼罗均为原作，没有后世扰动迹象。

从大经堂平棋曼荼罗的绘画风格来看，尽管与修复后的多吉强殿曼荼罗在绘画风格上有一定的相似性，但绘画技法和表现水平依然有一定的差别，参与大经堂曼荼罗绘画的画师在用色和线描技法上略显逊色，但殿内数量庞大的曼荼罗作品却也保持了统一的风格，实属不易。大经堂平棋曼荼罗中所绘人物的造型及色彩表现等具有典型的勉唐派绘画特点。

藏传绘画从11世纪的西藏阿里东嘎石窟、13世纪的夏鲁寺、至15世纪的白居寺曼荼罗遗存来看，早期曼荼罗在技法上基本以工笔技法为主，追求精致与细腻，而妙因寺所存部分曼荼罗作品却在外围以没骨手法绘画了装饰性角花，与曼荼罗本身工笔风格形成明显的对比。在绘画艺术领域将藏传绘画特有的工笔绘画技法与没骨手法相结合，两种表现方法在这里相互辉映，创造了完美的艺术效果。

| 注 释 |

［1］ 在信息采集期间，《夏鲁寺的建筑与绘画》作者谢斌先生和现今供职于甘南碌曲县中学的贡保才让老师付出了大量

心血。另外 2017 年 5 月笔者再次前往妙因寺，在万岁殿和多吉强殿进行了红外线拍摄，其间得到了扎西才让同学的帮助。在此一并表示感谢！

［2］　根据该曼荼罗相关度量和仪轨文本，城池外围牌坊两侧安置了宝瓶，宝瓶中生长出七枝树，每枝都卷曲变化为卷草式样，其中各安置一组图像，共有七组，简称"七宝"。此处七宝与"七政宝"不同。七政宝为国王宝、王妃宝、将军宝、大臣宝、大象宝、骏马宝、法轮宝等七宝。此曼荼罗之七宝分别是仪轨所述之法轮、主人、如意宝、白象、蓝色女、宝马、将军等。

［3］　参见木刻版《度量经的实践明解工巧明口饰》（thig gi lag len du ma gsal br bshd pa bzo rig mdzes pa'i kha rgyan zhes bya ba bzhugs so），第 17 页。

［4］　早期多吉强殿以北还有三座活佛府邸及相关建筑群，均毁于 20 世纪七八十年代。

［5］　藏传佛教曼荼罗，特别是无上瑜伽部曼荼罗往往将主尊及东、南、西、北等四面的四尊被比喻为五方佛，具有五方佛的肤色，但是不同题材的曼荼罗其尊像的装束、手印、手相、造型姿态、形象等特征则会发生变化，与常见的五佛之特征不同。比如文殊金刚曼荼罗（bcom ldan 'das ajm pa'i rdo rje），在如上述无量宫殿中央的坐台上，黄色的文殊金刚有三面和六个手臂，主面像藏红花一样，右面黑左面白，每面有三只眼睛。六只手臂中的前两只手拥抱如"我"智慧母，其余右二手持宝剑和箭，其余左二手持乌巴拉和弓。戴有宝冠，以各色珠宝为装饰，散发着无限光芒。

［6］　2018 年 7 月 12 日，笔者在布达拉宫有关人员的介绍和陪同下就密集金刚曼荼罗问题采访了哲蚌寺高僧桑派喇嘛。桑派喇嘛具有丰富的曼荼罗绘画和制作经验，2016 年以来曾担任西藏大昭寺等几处曼荼罗制作中的理论与技术总负责。

［7］　也叫"字曼荼罗"或"法曼荼罗"，法曼荼罗为密教四种曼荼罗之一，凡书写经论之文字言语、义理，及诸佛菩萨之真言、种子等有关法文义理之曼荼罗，皆称为法曼荼罗。

第四章

妙因寺曼荼罗的特点

第四章　妙因寺曼荼罗的特点

第一节　妙因寺曼荼罗之结构特点

藏传佛教曼荼罗多达数千个，常见的也有一百多个，众多的曼荼罗都有极其严密的度量规矩，不同题材和传承的曼荼罗都有各自相应的仪轨文本，不同仪轨指导下会产生不同的曼荼罗图像，另外也存在曼荼罗的结构、尊像内容与布局完全一致但所依文献和传承不同的情况。张雅静研究员指出："不同流派所具有的秘密集会曼荼罗图像有时几乎是完全相同的，之所以成为不同流派，有时并不在于图像，而是修行的方法或者修行的内容有所差异。因此，仅从图像出发，有时是难以区别和探讨各个流派之间的图像区别的"，[1] 故而在曼荼罗研究中必须将图像、教派和文本加以综合考虑，妙因寺所存密集金刚曼荼罗研究也属同类情况。

在仪轨文献中曼荼罗的结构一般由总护轮、具体的曼荼罗等两大部分构成。在仪轨文献中，总护轮所占空间和比例巨大无比，因此在具体的绘画和建筑中很少加以表现，从而总护轮往往是一种概念或者意念性的，仅仅在仪轨中念诵或观想使用。但是，坐落于西藏昌都地区的日吾齐寺就用立体形式表现了一座密集金刚三十二尊的曼荼罗，在此曼荼罗中较为全面地展现了"法源"等总护轮之全部内容，这也是目前仅见的一列。尽管在绘画中对总护轮不加以表现，但是仪轨文献对其依然有非常详细的描述，比如，在贡噶索南著《至尊无我金刚母十五尊曼荼罗弟子灌顶仪轨·利他甘露游戏海总护轮》（rje btsun rdo rje bdag med ma'i dkyil 'khor du slob ma dbang bskur ba'i cho ga gzhan phan bdud rtsi'i rol mtsho zhes by aba bzhugs so）中就对总护轮之东南西北和上下等十方世界的护方神做了详细的描述。[2] 在具体的修习活动中灌顶的接受者要凭借文献的描述进行想象，并在脑海中形成非常具体的"世界"。

作为灌顶、观想等实用中的或者说包含在总护轮之内的曼荼罗在结构上又分为三个主要部分，它们包括：外环、城墙、无量宫等。其中外环大体上由金刚环、莲花环和外围一圈代表光明的火焰构成，在此基础上，无上瑜伽部部分曼荼罗还在火焰外围设计了八大寒林等。作为曼荼罗之主要构成部分的城墙在外在形式上往往具有一定的相似性或雷同性，大多为四方形，四面开四门，但也有圆形的城墙，比如白居寺大殿三层曼荼罗殿中的胜乐轮曼荼罗即为圆形。曼荼罗之城墙的区别主要体现在四面的牌坊（门楼）的结构上，不同题材的曼荼罗之牌坊的区别主要在于其层次结构、高矮、大小等几个方面。隆多喇嘛[3]认为曼荼罗之牌坊主要有"二平九平""五平三三平""一门结构"[4]"时轮类""八台基""四层结构""普明大日类"等七个类型。

曼荼罗图像在整体结构上变化最大的是中央之无量宫，无量宫的造型千差万别，在造型相同的情况下还有大小之别，结构变化非常丰富。

无量宫可以简单理解为某本尊之居所，也可理解为某个密宗仪轨中的世界，各种类型的曼荼罗之无量宫就是这个世界的微缩。无量宫的类型极为丰富，不同题材的曼荼罗有不同结构的无量宫，也就是说不同的本尊有不同的居住环境，它们被以不同结构和大小的曼荼罗加以表现或象征。即便是无量宫的结构和样式相同，其度量大小也会有所区别，这种区别的根本依据来源于各自的仪轨和传承。另外，同一个主尊的不同传规在曼荼罗之结构上有时候也是一致的，比如无量寿九尊和五尊的曼荼罗在结构上几乎完全一样，它们之间在形式上的区别主要表现在内部尊像的构成和组合上。

尽管妙因寺所存曼荼罗在形制大小、所处位置和表现形式等方面均不具有实质性的实用功能，其主要目的在于供奉，同时完成对建筑空间的装饰，但在考察中发现，这些曼荼罗在外轮、城池、宫殿、尊像布置等曼荼罗应有的特点方面都得到了具体的表现，基本遵循了相关仪轨，其结构和比例都符合相关仪轨或度量经之要求。比如妙因寺几个佛殿所存胜乐金刚曼荼罗之牌坊如度量经所述，显示出一种低矮扁平的特征，而密集金刚曼荼罗之牌坊则是"五平三三平"（lnga mnyam gsum gsum mnyam）的一种高大的牌坊。[5]

第二节　妙因寺曼荼罗的重绘痕迹与风格变化

妙因寺绘制了曼荼罗的佛殿有三座，其中万岁殿所存曼荼罗历史最为悠久；而多吉强殿是妙因寺最主要的佛殿之一，在妙因寺所有平棋绘画中也以多吉强殿平棋绘画最为精美，保存最为完好；大经堂所存曼荼罗无论年代还是绘画质量都无法与上述两座佛殿相比较。在考察中发现万岁殿和多吉强殿的曼荼有过后期重绘，尤其是多吉强殿曼荼罗重绘痕迹十分明显。

在考察中发现多吉强殿所存平棋曼荼罗图像四角早期并没有绘画上师像，仅装饰以"十字"形花卉底纹，后来重绘时在部分曼荼罗外围用藏青色覆盖，甚至在四角绘制了姿态各异的上师形象或者花卉纹样，并覆盖了早期底纹。后期新增的内容和色彩在表现手法和绘画技巧上与原作相比有一定的差距。尽管还有少量曼荼罗作品外围并没有新增角花或上师形象，但后期重新敷色的痕迹十分清晰，涂色时刻意覆盖了早期的纹样，而且色彩涂抹极不均匀。

依据仪轨文献，曼荼罗金刚环以内和城池之间还要表现在禅定当中的上师形象，该殿平棋外层的大威德金刚十三尊曼荼罗四角绘制的写意宝瓶状纹样，未发现色彩叠压关系，曼荼罗城池四角的八位禅定上师（佛）的表现也非常严谨，未发现重绘痕迹，应属于早期原作。与上述大威德金刚十三尊曼荼罗相比，多吉强殿调伏部多金刚手（'byung po 'dul byed）曼荼罗中城池四角的成就者或禅定上师在表现手法上具有一定的随意性，与该曼荼罗城池内部内容相比，笔法上缺乏严谨和细腻。

多吉强殿五部喜金刚曼荼罗值得特别关注，该曼荼罗尽管画面很小，但诸尊形象造型严谨、比例适当、线条流畅。与该曼荼罗内部诸尊相比，其外围所绘"八大寒林"尽管合理安排了画面空间，人物和动物姿态优雅，但手法上依然透露了一定的随意性和艺术表现意蕴，使用了近似于"速写"的一种表现手法。八大寒林原本是使人惊悚的题材，在此却被描绘得天真可爱，极具观赏性和艺术价值，但也完整地表现了仪轨中的相关内容，创造了别样的视觉效果。手法上的差别似乎证明该八大寒林也属于后期重绘时的作品，在重绘期间还刻意保留了早期题记。

另外，笔者于2017年5月对多吉强殿部分作品进行了红外线拍摄，通过红外线显示该殿部分曼荼罗作品内部也进行过重绘，后期重绘时彻底覆盖了早期作品中的卷草纹样。

以上特征表明多吉强殿曼荼罗的重绘是有选择性的。从图像信息来看重绘范围大多以曼荼罗图像外环以外四角为主，重绘中要么在外围四角绘制花卉或卷草纹样，要么在此增加佛像或上师肖像，而且就新增的上师来看以格鲁派上师居多，似乎透露出妙因寺在教派信仰更迭中的某些信息。

曼荼罗中无上瑜伽部曼荼罗大都设置有八大寒林，比如喜金刚曼荼罗、大威德金刚九尊曼荼罗、大威德金刚十三尊曼荼罗等。向巴次称巴松所著《卓比传规吉祥喜金刚九尊修法曼荼罗灌顶仪轨·弘法旭日》中描述的八大寒林，分别由大成就者、鲁神、土地神、树、山、塔、云、骷髅等内容组成。[6] 上述八项内容中每一项又分别有八个，他们被安置在八个不同的部位，环绕在金刚环外围，并作为该曼荼罗之外环的主要组成部分之一。意大利考古学家 G·图齐（Giuseppe Tucci）认为"寒林并非指真正的坟场，而是象征大家对'八种识'的觉醒意识。八识（aṣṭau vijñānāni）是眼耳鼻舌身意等六识，再加上未那识与阿赖耶识而成。受八识作用影响，生物才会生死流转于轮回世界"。[7]

妙因寺多吉强殿曼荼罗中绘画有八大寒林的共有 12 铺，它们主要是胜乐金刚、喜金刚九尊、大威德九尊、大轮金刚手九尊、大威德十三尊、大威德四十九尊、金刚亥母曼荼罗等，全部集中在该殿平棋内层并环绕在前述 33 幅密集金刚三十二尊曼荼罗之周围。所有曼荼罗的八大寒林在表现中运用了一种比较粗旷而豪放的写意绘画手法，有些施以淡彩，有些纯粹就是线条的挥洒，虽然寥寥几笔却显得灵活自由，画面任性而不乏生动，充分发挥了绘制者的心性与才能。通过对曼荼罗内部城池与周边八大寒林比较，我们认为其部分寒林属于后期重绘。

另外值得关注的是多吉强殿平棋内层之胜乐金刚曼荼罗和喜金刚曼荼罗图像，其八大寒林中的部分大成就者拥有老虎、狮子、龙、蛇、人等不同的坐骑，而且在画法上也具有一定的表现性，此种情况鲜见于其他地区的曼荼罗作品。

多吉强殿部分重绘后的曼荼罗作品虽然在结构上尽可能与早期曼荼罗保持了一致，但对曼荼罗外围四角的内容扰动较大，覆盖或修改过早期绘画内容。参与重绘的画师所掌握的绘画技能与表现手法与早期具有明显的区别，重绘部分除了新加的佛或上师形象外，还使用了类似于"速写"和"没骨"手法，绘制了装饰性的花卉或者卷草纹样。重绘后的作品在色彩上也大面积选择了绿色。虽然在多吉强殿曼荼罗中发现了重绘痕迹，但是大部分作品仍保留了早期特征，每个曼荼罗在结构上符合度量经相关标准，内容完整，绘画也相对精准，而且重绘的主要范围在曼荼罗外围，内部尊神似乎保存了原样。

从现存布局来看，至少多吉强殿所存曼荼罗作品中，密集金刚和无量寿题材的曼荼罗作品略显不规则排列特征。造成妙因寺曼荼罗现存布局紊乱的主要原因是后期维修中的扰动。据妙因寺僧人介绍 20世纪 80 年代因屋面漏雨，在维修期间对其中的部分平棋天花进行了移动处理，但是没有对所移动的天花进行编号和对位还原，从而扰乱了该殿平棋曼荼罗的早期排列规律，为我们研究该殿曼荼罗造成一定的困难。

另外，无量寿九尊曼荼罗是妙因寺几个大殿中主要的表现题材，数量最多，仅多吉强殿就有无量寿九尊曼荼罗 45 幅，其中 38 幅的排列显示了一定的规律，集中环绕在该殿平棋外层第二圈，另外 7 幅散布在其他部位。鉴于该殿在维修期间对平棋的扰动以及这 37 幅无量寿九尊曼荼罗的排列规律，再加上外层第二圈平棋的数量分析，该殿无量寿九尊曼荼罗在最初的设计中应有一定的规律，全部集中环绕在外层平棋第二圈。

佛教密宗大约自公元 8 世纪的寂护大师时期传入西藏，后来由于顿蒙与渐蒙之争，吐蕃赞普赤松德赞下令以龙树大师之传承为主。由于当时一段时期内密宗修习者缺乏戒律约束或生活不检点等，以至于失去王室家族的信赖，因此又重新从印度翻译了显、密经典，并将之前的译本称作"旧密"。其中就密集金刚传规来讲，最初可能译自吐蕃时期，因为在敦煌古藏文文献中就已经发现吐蕃时期的旧译，[8] 敦煌古藏文献的大致撰写年代在公元 8 世纪吐蕃占领敦煌时期，由此可以确定这批译本至少完成于公元 8 世纪前后。尽管"在藏传佛教前弘期已经有了藏译本，但是，在后弘期初期，玛尔巴译师（mar pa，1012-1097）和桂译师（'gos khug pa lha btsas）等再次进行了新的翻译……"[9] 在此之后的《密集金刚曼荼罗》普遍受到了藏传佛教各个流派的重视，"尤其是格鲁派，认为秘密集会曼荼罗是无上瑜伽的根本"。[10] 正如阿嘉洛桑顿珠（1740-1827）所说，它"是密宗诸续之总汇"（rgyud kun gyi ni don bsdus pao），[11] 因此具有特殊的地位。

《密集金刚曼荼罗》及其相关文本被收录在《大藏经》中，据德格版《大藏经》之《续部全集》记载，密集金刚最初在印度就有 24 种[12]或 25 种[13]不同的传承，其中被翻译成藏文并在藏族地区传承的有圣者派、佛智足派、善指派、金刚悦派、班玛巴扎派、贡宁派以及觉沃派等七个流派。但是在洛珠塔所著《吉祥密集曼荼罗灌顶仪轨双运道车》中只记载了前六种，而没有提到最后一种流派——觉沃派，可见仪轨文献的记载有时候也有一定的倾向性或选择性。

在藏传佛教中主要流行圣者派，而圣者派在藏传佛教中又有阿底峡派（jao bo lugs）、玛尔巴派（mar lugs）、桂译师派（'gos lugs）、卡切派（kha che'i lugs）和恰译师派（chags lugs）等五种传规，[14] 其中尤其是玛尔巴派、桂译师派在灌顶和传承方面更为全面而得到普遍的重视和传承。德格印经院《续部全集》中玛尔巴派、桂译师派的相关文本内，阿旺勒珠著《吉祥密集不动金刚三十二尊修法曼荼罗仪轨缚刍大川》是一部桂译师所传之密集金刚三十二尊曼荼罗的传规，文献记载桂译师之传规也有五种或六种，这五六种传规又被萨迦班智达进行了整合，阿旺贡噶勒珠将其编辑成书并在灌顶中使用。[15] 此外《续部全集》收录的洛珠塔著《吉祥密集曼荼罗灌顶仪轨双运道车》属于玛尔巴传规。[16]

桂译师（'gos khug pa lhas btsas）和玛尔巴译师在密集金刚传承上曾为师兄弟。[17] 他们尽管在密集金刚传承上有共同的老师，但是各自却发展出来不同的传规。

《续部全集》ja 部还收录了桂译师传承的密集金刚师承关系，其起止年代大约自释迦牟尼开始一直到塔孜多吉强·强巴南喀其美（thar rtse rdo rje 'chang byams pa nam mkha 'chi med）为止，[18]

其文本为阿旺贡噶勒珠编著，塔孜多吉强·强巴南喀其美所传承的密集金刚传规正是来自于阿旺贡噶勒珠。此外，在洛珠塔所著之《吉祥密集曼荼罗灌顶仪轨双运道车》中也记载了玛尔巴传承的密集金刚师承关系。此两者各有不同，分别被不同的教派进行传承和使用。德格版《续部总集》所收集之《成就法》中也有大量关于曼荼罗结构的描述，甚至对"圣者派秘密集会三十二尊曼荼罗"作为诸多曼荼罗中最主要的曼荼罗加以评价。另外《大藏经》之《金刚鬘》也有对密集金刚曼荼罗的详细描述。[19]

格鲁派密集金刚传规的早期源头也可追溯至龙树大师，其有可靠记载当始于玛当格大师，此后依次为帝洛巴、纳饶巴、玛尔巴、此顿旺多、嘎巴格第、索南仁钦、兹诚嘉、帕巴嘉、勋努沃、曲顾沃赛、帕巴沃、布顿大师、勋努索南、宗喀巴、克珠格勒华桑、班禅曲吉坚赞等等。[20]格鲁派所传之密集金刚在第四世班禅大师时期可能得到了新的发展，并出现了主尊互换的密集金刚曼荼罗系统，这种传规被妙因寺多吉强殿曼荼罗加以形象化表现。依据第四世班禅·洛桑曲吉坚赞（blo bzang chos kyi rgyal mtshan，1570－1662）中讲述密集金刚曼荼罗仪轨时说："在修行期间它们之间有各种互换法，这种方法在曼荼罗胜圣时无论那尊神作为主尊，其曼荼罗胜圣中的尊像数量依然是 32 尊。比如大日如来作为主尊时大日如来及智慧母在中间，在大日如来和佛眼的位置布置不动金刚和触金刚女……"[21]班禅·洛桑曲吉坚赞的论述和妙因寺多吉强殿密集金刚曼荼罗图像证明了在密集金刚实际修行观想中存在主尊互换的做法，同时也为妙因寺多吉强殿密集金刚曼荼罗互换主尊的做法提供了依据。根据目前调查情况来看，妙因寺多吉强殿和感恩寺大雄宝殿密集金刚曼荼罗是目前仅见的主尊互换的三十三铺密集金刚曼荼罗的绘画遗存，对于研究藏传佛教密宗曼荼罗具有弥足珍贵的价值。

多吉强殿 141 铺曼荼罗中仅密集金刚曼荼罗就占 33 铺，如此大规模表现密集金刚题材曼荼罗的绘画极其少见，这可能代表了妙因寺密集金刚传承或修行中的一些独特之处。

| 注 释 |

［1］ 张雅静：《〈坦荼罗部集成〉中的秘密集会曼荼罗》，谢继胜主编：《汉藏佛教美术研究 2008》，北京：首都师范大学出版社，2010 年，第 66 页。

［2］ 贡噶索南：《至尊无我金刚母十五尊曼荼罗弟子灌顶仪轨·利他甘露游戏海总护轮》，参见《坦荼罗部集成》，德

格印经院，木刻版，za部，第140页。原文如下：

在这些轮辐之东方为黑色阎摩敌（gshin rjae gshed nag po），有黑白红三面和六个手臂，其中右三手分别持金刚锤、法轮和金刚杵，左三手分别为胸前期刬印持绳索、铃、钺刀；南方为白色般若究竟（shes rab mthar byed），有白黑红三面和六只手臂，其中右三手持金刚杵、饰有金刚杵的白杖和宝剑，左三手分别为胸前期刬印持绳索、铃、钺刀；西方为红色莲花究竟（padma mthar yed），具有红黑白三面和六只手臂，其中右三手持红色的莲花、宝剑与锄头木（gtun shing），左三手分别为持金刚铃倚在胯部、持钺刀（dgar sta）、持绳；北方为蓝色除障明王（bgegs mthar byed），具有蓝白红三面和六只手臂，其中右三手分别持交杵金刚、法轮、锄头木（gtun shing），左三手分别为胸前期刬印持绳索、铃、钺刀。东南方为蓝色的不动金刚（mi gyao pa sngon po），具有黑白红三面和六只手臂，其中右三手持宝剑、金刚杵、法轮，左三手分别为期刬印、钺刀、绳；西南方为蓝色的欲帝明王（'daod rgayl sngon po），具有蓝白红三面和六只手臂，其中前两只手作"haum"印，右余手分别持金刚杵、宝剑，左余手持绳、金刚勾（lcags kayu）；西北方为蓝色之蓝杖明王（dbayug sngon can），具有蓝白红三面和六只手臂，其中右三手饰有金刚杵的蓝色杖、宝剑、法轮，左三手持期刬印持绳索、莲花、钺刀；东北方为蓝色之大力明王（stobs po che sngon po），具有蓝白红三面和六只手臂，其中右三手持饰有金刚杵的蓝色杖、金刚杵、法轮，左三手为胸前期刬印持绳索、三叉戟、钺刀；上方为蓝色之顶髻转轮明王（gtsug tor 'khaor los sgyur ba），具有蓝白红三面和六只手臂，其中两只主手在头部作顶髻印、右余手持金刚杵、莲花，左余手为期刬印、宝剑；下方为蓝色之妙损明王（gnaod mdzes rgayl po），具有蓝白红三面和六只手臂，其中右三手持金刚杵、法轮、珍宝，左三手持为胸前期刬印持绳索、莲花、宝剑。十明王皆有红黄色的头发向上竖起，红黄的眉毛和胡须似火焰燃烧一般，有愤怒的皱纹，红而圆的三只眼睛，发出无可忍受的"ha ha"声，獠牙外露，大腹便便。以各色珍宝和八大龙王为装饰，虎皮围裙，各自居于自己所属之轮辐之巅的杂色莲花和日轮之上。

这是关于护轮的描述，显然与此前的文殊金刚曼荼罗的护轮有明显的区别，这些区别主要体现在各个明王上，尽管它们大部分名称都相同，但是所处的位置，以及手相等都发生了变化。顶髻转轮明王和欲帝明王、不动明王、妙损明王以珍宝王冠各色珠宝为饰，姿态倨傲，獠牙微呲，胡须像发怒般等。其余明王形色丑陋，眉毛卷曲，红黄的头发向上竖起，胡须和头发红黄色，张口，呲着獠牙，舌头卷曲，以凶恶十"鲁"为饰，身体短粗，大腹便便。所有明王的每一张面部都有红而圆的三只眼睛，右腿弯曲左腿伸展，在各自的轮辐之端，微微接触的杂色莲花和太阳轮之上，以非常威猛之相散发着太阳般的和似劫末之火之光芒。各自以无数的化身破除三界之中的邪魔。轮子也因不停的飞速运转而显得稳固。

［3］ 隆多喇嘛·阿旺洛桑（1719–1795），藏传佛教格鲁派大师，西藏昌都人。7岁入昌都寺为僧，修习显密诸法，20岁前往理塘寺学习因明及内明学，24岁赴拉萨色拉寺受比丘戒。先后从七世达赖格桑嘉措、六世班禅班丹益西等13位大师学法。因久居聂塘之隆多地方修行遂有隆多喇嘛之称。《隆多喇嘛·阿旺洛桑全集》共31帙，书中涉及范围甚广，故有"小百科"之誉。

［4］　此处的"门"指的是曼荼罗度量经中的专用名词 sgo tshd，是一个度量单位。

［5］　根据曼荼罗相关度量仪轨，其牌坊结构基本为十一层，部分曼荼罗牌坊的结构构件中两层的高度相等，其余九层在高度上平等，另外一种则是其中的五层高低相等，剩余六层中每三个一组相互平等。为了便于记忆，各个度量经将第一种结构总结为"二平九平"；第二种结构总结为"五平三三平"，此外还有一种为全部不平，也就是十一层结构之间互不平等。

［6］　向巴次称巴松：《卓比传规吉祥喜金刚九尊修法曼荼罗灌顶仪轨·弘法旭日》，参见德格印经院《续部全集》dz 部，第 9 页。

［7］　图齐：《曼荼罗的理论与实践（Teoria e Pratica Del Mandala）》，1949 年。

［8］　张雅静：《〈究竟瑜伽鬘〉中的秘密集会三十二尊曼荼罗》，载霍巍、石硕主编：《藏学学刊》（第 10 辑），北京：中国藏学出版社，2014 年，第 141-152 页。

［9］　杰尊喜饶迥乃：《密集、胜乐、大威德之生起圆满解说成就穗》，西藏色拉寺古籍搜集整理处，内部资料，第 16 页。

［10］　张雅静：《〈究竟瑜伽鬘〉中的秘密集会三十二尊曼荼罗》，载霍巍、石硕主编：《藏学学刊》（第 10 辑），北京：中国藏学出版社，2014 年，第 141-152 页。

［11］　阿嘉洛桑顿珠（a kay' yongs 'zhin blo bzng don grub bam dbyngs can dga pai blo gros）：《吉祥密集金刚与圣者派相同的密宗次第规矩善说幸运之岸》（dpal gsng ba adus pa 'phags lugs dang mthun pai sngags kyi sa lam rnms gzhag legs bshad skal bzng 'jug ngogs zhes bay ba bzhugs so），参见《密集金刚乘教法智者善述汇集奇妙珍宝串》（gsang chen rdo rje theg pai chos skor mkhas pai legs bshad phogs bsdebs ngo mtshr nor buai do shal zhes bay ba bzhugs so），西藏色拉寺古籍搜集整理处，内部资料，第 16 页。

［12］　参见德格印经院木刻版《续部全集》，ja 部，第 117 页。

［13］　洛珠塔著：《吉祥密集曼荼罗灌顶仪轨双运道车》，参见德格印经院木刻版《续部全集》，ja 部，第 206 页。

［14］　参见德格印经院木刻版《续部全集》，ja 部，第 119 页。

［15］　'dir 'gos khug pa lhas btsas nas brgyud pa gtso bor gyur pa' i bka' bbas lngam drug gi chub o rnams bstan pa' i mnga bdag rje btsun sa skay ba chen por gcig 'dres su gyur pa' i dpal gsang ba 'dus pa mi bskyod rdo rje lha so gnyis kyi dkyil 'khor du mngon par dbang bskur ba zam mo bsgrub par bgyi. 参见德格印经院木刻版《续部全集》，ja 部，第 119 页。

［16］　洛珠塔著：《吉祥密集曼荼罗灌顶仪轨双运道车》，参见德格印经院木刻版《续部全集》，ja 部，第 206 页。

［17］　藏族历史上出现过三位"桂译师"，其中第一位是公元 11 世纪的桂库巴，第二位是《青史》的作者桂勋努白（1392-1481），第三位是公元 15 世纪夏鲁寺的桂切迥桑波。此处指的是第一位。

［18］　阿旺勒珠著：《吉祥密集不动金刚三十二尊修法曼荼罗仪轨缚刍大川》，参见德格印经院木刻版《续部全集》，ja 部，第 67 页。

［19］　参见北京版大藏经《金刚鬘》，第 213—216 页。

［20］　slob dpon klu sgrub yab sras de dag las gsang ba'dus pa'i dbang lung man ngag gi brgyud rim mtha'yas pa byung mod kyang mtha'dag bgrang bar ga la nus,yong su grags pa'i dbang gi brgyud rim ni,slob dpon ma tangka pa,des grub chen te lo pa,dea grub chen na ro pa,des sgar bsgyur mar pa lo zha ,des mtshur ston dbang gi rdo rje,des'khon ston gad pa kirti,des sgang ba bsod nams rin chen,des thur lha bat shul khrims skybs,des thang abae ba'phags pa skybs,des gser sding pa gzhon nu'od,des kun mkhyen chos sku'od zer,des kun mkhen'phags pa'od,des chos rje bu ston rin chen grub,des khyung po lhas pa gzhon nubsod nams,des chos kyi rgyal po zhong kha pa chenm po,des mkhas grub dge legs dpal bzang,dea pan chen chos kyi rgyal mtshan,des……

［21］　班禅·洛桑曲吉坚赞（1567-1662），17 世纪前半期格鲁派历史上重要时期的一个重要人物。参看《众续部之王吉祥密集金刚之要诀五次第明灯与生起次第成就法海二者之精要深意明了之太阳，和六法金刚之句的解说》（rgyud thams cad kyi rgyal po dpal gsang ba'dus pa'i gdams ngag rim lnga gsal sgron dang bskyed rim dngos grub rgay mtsho gnyis kyi snying po bsdus pa zb don gsal ba'i nyi ma dang,chos drug rdo rje'i tshig rkang gi rnam bshad ces by aba bzhugs so），色拉寺佛教古籍搜集整理办公室，内部资料，第 110 页。

第五章

妙因寺曼荼罗及相关绘画图录

第一节　万岁殿曼荼罗及尊像

ཚེ་དཔག་མེད་ལྷ་དགུའི་དཀྱིལ་འཁོར།

WSD-N-1　无量寿九尊曼荼罗　事续莲花部

ཚེ་དཔག་མེད་ལྷ་དགུའི་དཀྱིལ་འཁོར།

WSD-N-2 无量寿九尊曼荼罗 事续莲花部

ཚེ་དཔག་མེད་ལྷ་དགུའི་དཀྱིལ་འཁོར།

WSD-N-3　无量寿九尊曼荼罗　事续莲花部

ཨོཾ་དཔག་མེད་ལྷ་དགུའི་དཀྱིལ་འཁོར།

WSD-N-4 无量寿九尊曼荼罗 事续莲花部

ༀ་དཔག་མེད་ལྷ་དགུའི་དཀྱིལ་འཁོར།

WSD−N−5　无量寿九尊曼荼罗　事续莲花部

ཚེ་དཔག་མེད་ལྷ་དགུའི་དཀྱིལ་འཁོར།

WSD-N-6　无量寿九尊曼荼罗　事续莲花部

ཚེ་དཔག་མེད་ལྷ་དགུའི་དཀྱིལ་འཁོར།

WSD-N-7　无量寿九尊曼荼罗　事续莲花部

ཨོཾ་དཔག་མེད་ལྷ་དགུའི་དཀྱིལ་འཁོར།

WSD-N-8　无量寿九尊曼荼罗　事续莲花部

ཨོཾ་དཔག་མེད་ལྟ་ལྡ་དགུའི་དཀྱིལ་འཁོར།

WSD-N-9　无量寿九尊曼荼罗　事续莲花部

ཚེ་དཔག་མེད་ལྷ་དགུའི་དཀྱིལ་འཁོར།

WSD-N-10　无量寿九尊曼荼罗　事续莲花部

ཚེ་དཔག་མེད་ལྷ་དགུའི་དཀྱིལ་འཁོར།

WSD-N-11　无量寿九尊曼荼罗　事续莲花部

ཨོཾ་དཔག་མེད་ཚེ་དཔག་དགུའི་དཀྱིལ་འཁོར།

WSD-N-12　无量寿九尊曼荼罗　事续莲花部

ཆོ་དཔག་མེད་ལྷ་དགུའི་དཀྱིལ་འཁོར།

WSD-N-13　无量寿九尊曼荼罗　事续莲花部

ཚེ་དཔག་མེད་ལྷ་དགུའི་དཀྱིལ་འཁོར།

WSD-N-14　无量寿九尊曼荼罗　事续莲花部

ཚེ་དཔག་མེད་ལྷ་དགུའི་དཀྱིལ་འཁོར།

WSD-N-15　无量寿九尊曼荼罗　事续莲花部

ཚེ་དཔག་མེད་ལྷ་དགུའི་དཀྱིལ་འཁོར།

WSD-N-16　无量寿九尊曼荼罗　事续莲花部

ཚེ་དཔག་མེད་ལྷ་དགུའི་དཀྱིལ་འཁོར།

WSD-N-17 无量寿九尊曼荼罗 事续莲花部

ཆོས་དབྱིངས་གསུང་དབང་གི་དཀྱིལ་འཁོར།

WSD-N-18　法界语自在二百二十一尊曼荼罗　瑜伽部

གསང་འདུས་མི་བསྐྱོད་རྡོ་རྗེའི་དཀྱིལ་འཁོར།

WSD-N-19　密集不动三十二尊曼荼罗　无上瑜伽部父续

རྡོ་རྗེ་དབྱིངས་ཀྱི་དཀྱིལ་འཁོར།

WSD-N-20　金刚界五十三尊曼荼罗　瑜伽部

ཚེ་དཔག་མེད་ལྷ་དགུའི་དཀྱིལ་འཁོར།

WSD-N-21　无量寿九尊曼荼罗　事续莲花部

ཚེ་དཔག་མེད་ལྷ་དགུའི་དཀྱིལ་འཁོར།

WSD-N-22　无量寿九尊曼荼罗　事续莲花部

ཚེ་དཔག་མེད་ལྷ་དགུའི་དཀྱིལ་འཁོར།

WSD-N-23　无量寿九尊曼荼罗　事续莲花部

ཚེ་དཔག་མེད་ལྷ་དགུའི་དཀྱིལ་འཁོར།

WSD-N-24　无量寿九尊曼荼罗　事续莲花部

ཨོཾ་དཔག་མེད་ཀླུ་དགུའི་དཀྱིལ་འཁོར།

WSD-N-25 无量寿九尊曼荼罗 事续莲花部

ཚེ་དཔག་མེད་ལྷ་དགུའི་དཀྱིལ་འཁོར།

WSD-N-26　无量寿九尊曼荼罗　事续莲花部

ཚེ་དཔག་མེད་ལྷ་དགུའི་དཀྱིལ་འཁོར།

WSD-N-27　无量寿九尊曼荼罗　事续莲花部

ཨོཾ་དཔག་མེད་ལྷ་ལྔ་དགུའི་དཀྱིལ་འཁོར།

WSD-N-28 无量寿九尊曼荼罗 事续莲花部

ཚེ་དཔག་མེད་ལྷ་དགུའི་དཀྱིལ་འཁོར།

WSD-N-29　无量寿九尊曼荼罗　事续莲花部

ཚེ་དཔག་མེད་ལྷ་དགུའི་དཀྱིལ་འཁོར།

WSD-N-30 无量寿九尊曼荼罗 事续莲花部

ཚེ་དཔག་མེད་ལྷ་དགུའི་དཀྱིལ་འཁོར།

WSD-N-31　无量寿九尊曼荼罗　事续莲花部

ཚེ་དཔག་མེད་ལྷ་དགུའི་དཀྱིལ་འཁོར།

WSD-N-32　无量寿九尊曼荼罗　事续莲花部

ཚེ་དཔག་མེད་ལྷ་དགུའི་དཀྱིལ་འཁོར།

WSD-N-33 无量寿九尊曼荼罗 事续莲花部

ཚེ་དཔག་མེད་ལྷ་དགུའི་དཀྱིལ་འཁོར།

WSD-N-34　无量寿九尊曼荼罗　事续莲花部

ཚེ་དཔག་མེད་ལྷ་དགུའི་དཀྱིལ་འཁོར།

WSD-N-35 无量寿九尊曼荼罗 事续莲花部

ཚེ་དཔག་མེད་ལྷ་དགུའི་དཀྱིལ་འཁོར།

WSD-N-36　无量寿九尊曼荼罗　事续莲花部

ཨོཾ་དཔག་མེད་ཤྲཱི་དགུའི་དཀྱིལ་འཁོར།

WSD-N-37　无量寿九尊曼荼罗　事续莲花部

ཚེ་དཔག་མེད་ལྷ་དགུའི་དཀྱིལ་འཁོར།

WSD-N-38　无量寿九尊曼荼罗　事续莲花部

ཨོཾ་དཔག་མེད་ལྷ་ལྔ་དགུའི་དཀྱིལ་འཁོར།

WSD-N-39　无量寿九尊曼荼罗　事续莲花部

འཁོར་ལོ་བདེ་མཆོག་གི་དཀྱིལ་འཁོར།

WSD-N-40　胜乐金刚六十二尊曼荼罗　无上瑜伽部母续

ཚེ་དཔག་མེད་ལྷ་དགུའི་དཀྱིལ་འཁོར།

WSD-N-41　无量寿九尊曼荼罗　事续莲花部

ཚེ་དཔག་མེད་ལྷ་དགུའི་དཀྱིལ་འཁོར།

WSD-N-42 无量寿九尊曼荼罗 事续莲花部

ཨོཾ་དཔག་མེད་ཤ་ཤ་དགུའི་དཀྱིལ་འཁོར།

WSD-N-43　无量寿九尊曼荼罗　事续莲花部

ཚེ་དཔག་མེད་ལྷ་དགུའི་དཀྱིལ་འཁོར།

WSD-N-44 无量寿九尊曼荼罗 事续莲花部

ༀ་དཔག་མེད་ལྷ་དགུའི་དཀྱིལ་འཁོར།

WSD-N-45　无量寿九尊曼荼罗　事续莲花部

ཚེ་དཔག་མེད་ལྷ་དགུའི་དཀྱིལ་འཁོར།

WSD-N-46　无量寿九尊曼荼罗　事续莲花部

ཚེ་དཔག་མེད་ལྷ་དགུའི་དཀྱིལ་འཁོར།

WSD-N-47 无量寿九尊曼荼罗 事续莲花部

ཚེ་དཔག་མེད་ལྷ་དགུའི་དཀྱིལ་འཁོར།

WSD-N-48 无量寿九尊曼荼罗 事续莲花部

ཚེ་དཔག་མེད་ལྷ་དགུའི་དཀྱིལ་འཁོར།

WSD-N-49 无量寿九尊曼荼罗 事续莲花部

ཚེ་དཔག་མེད་ལྷ་དགུའི་དཀྱིལ་འཁོར།

WSD-N-50　无量寿九尊曼荼罗　事续莲花部

ཨོཾ་དཔག་མེད་ཚེ་དཔག་མེད་ དགུའི་དཀྱིལ་འཁོར།

WSD-N-51 无量寿九尊曼荼罗 事续莲花部

ཚེ་དཔག་མེད་ལྷ་དགུའི་དཀྱིལ་འཁོར།

WSD-N-52　无量寿九尊曼荼罗　事续莲花部

 གཤེད་དམར་གྱི་དཀྱིལ་འཁོར།

WSD-N-53 红阎魔敌曼荼罗 无上瑜伽部

ཤིང་པོ་ཀྱི་རྡོ་རྗེའི་དཀྱིལ་འཁོར།

WSD-N-54　心髓喜金刚九尊曼荼罗　无上瑜伽部母续

ཚེ་དཔག་མེད་ལྷ་དགུའི་དཀྱིལ་འཁོར།

WSD-N-55　无量寿九尊曼荼罗　事续莲花部

ༀ་དཔག་མེད་ལྷ་དགུའི་དཀྱིལ་འཁོར།

WSD-N-56 无量寿九尊曼荼罗 事续莲花部

ཚེ་དཔག་མེད་ལྷ་དགུའི་དཀྱིལ་འཁོར།

WSD-N-57　无量寿九尊曼荼罗　事续莲花部

ཨོཾ་དཔག་མེད་ལྷ་དགུའི་དཀྱིལ་འཁོར།

WSD-N-58　无量寿九尊曼荼罗　事续莲花部

འཇིགས་བྱེད་ཀྱི་དཀྱིལ་འཁོར།

WSD-N-59　金刚怖畏曼荼罗　无上瑜伽部父续

ཕྱག་རྡོར་འཁོར་ཆེན་གྱི་དཀྱིལ་འཁོར།

WSD-N-60　大轮金刚手九尊曼荼罗　事续金刚部

དུས་འཁོར་གྱི་དཀྱིལ་འཁོར།

WSD-N-61　时轮金刚曼荼罗　无上瑜伽部母续

གུན་རིག་གི་དཀྱིལ་འཁོར།

WSD−W−58　大日如来曼荼罗　行续如来部

གཟུངས་སྒྲུབ་ཕྱིའི་དཀྱིལ་འཁོར།

WSD—W—59　五护陀罗尼曼荼罗　事续金刚部

སྟོན་པ་གཙོ་འཁོར་གསུམ།

WSD-W-2 佛陀与二弟子 尊像

སྟོན་པ་གཙོ་འཁོར་གསུམ།

WSD-W-104　佛陀与二弟子　尊像

第二节　多吉强殿曼荼罗及尊像

གསང་འདུས་གོས་དཀར་མོའི་དཀྱིལ་འཁོར།

DJQ-N-1 密集白衣三十二尊曼荼罗 无上瑜伽部父续

བདེ་མཆོག་གི་དཀྱིལ་འཁོར།

DJQ-N-2　胜乐金刚曼荼罗　无上瑜伽部父续

གསང་འདུས་བྱམས་པའི་དཀྱིལ་འཁོར།

DJQ-N-3　密集弥勒三十二尊曼荼罗　无上瑜伽部父续

ཀྱེ་རྡོར་ལྷ་དགུའི་དཀྱིལ་འཁོར།

DJQ-N-4　喜金刚九尊曼荼罗　无上瑜伽部父续

གསང་འདུས་ཀྱི་དཀྱིལ་འཁོར།

DJQ-N-5　密集金刚三十二尊曼荼罗　无上瑜伽部父续

གཤིན་རྗེ་དམར་པོ་ཡི་དཀྱིལ་འཁོར།

DJQ-N-6　红阎魔敌五尊曼荼罗　无上瑜伽部

གསང་འདུས་འོད་དཔག་མེད་ཀྱི་དཀྱིལ་འཁོར།

DJQ-N-7　密集无量光三十二尊曼荼罗　无上瑜伽部父续

འཇིགས་བྱེད་ལྷ་དགུའི་དཀྱིལ་འཁོར།

DJQ-N-8 大威德九尊曼荼罗 无上瑜伽部父续

ཕྱག་རྡོར་འཁོར་ཆེན་གྱི་དཀྱིལ་འཁོར།

DJQ-N-9　大轮金刚手九尊曼荼罗　事续金刚部

སྒྲོལ་མ་ལྷ་མོ་བཅུ་བདུན་གྱི་དཀྱིལ་འཁོར།

DJQ-N-10　无上度母十七尊曼荼罗　无上瑜伽部母续

འཇིགས་བྱེད་ལྷ་བཅུ་གསུམ་མའི་དཀྱིལ་འཁོར།

DJQ-N-11　大威德十三尊曼荼罗　无上瑜伽部父续

གཤིན་རྗེ་གཤེད་ཀྱི་དཀྱིལ་འཁོར།

DJQ-N-12　阎魔敌二十一尊曼荼罗　无上瑜伽部

གཤིན་རྗེ་གཤེད་དམར་གྱི་དཀྱིལ་འཁོར།

DJQ-N-13　红阎摩敌十三尊曼荼罗　无上瑜伽部

གཤིན་རྗེ་གཤེད་ནག་གི་དཀྱིལ་འཁོར།

DJQ-N-14 黑阎摩敌十三尊曼荼罗 无上瑜伽部

གསང་འདུས་ཀྱི་དཀྱིལ་འཁོར།

DJQ-N-15　密集三十二尊曼荼罗　无上瑜伽部父续

འཇིགས་བྱེད་ལྷ་བཅུ་གསུམ་མའི་དཀྱིལ་འཁོར།

DJQ-N-16 大威德十三尊曼荼罗 无上瑜伽部父续

གསང་འདུས་ཀྱི་དཀྱིལ་འཁོར།

DJQ-N-17 密集三十二尊曼荼罗 无上瑜伽部父续

གསང་འདུས་ཤེས་རབ་མཐར་ཕྱིན་གྱི་དཀྱིལ་འཁོར།

DJQ-N-18 密集般若究竟三十二尊曼荼罗 无上瑜伽部父续

འཁོར་ལོ་བདེ་མཆོག་གི་དཀྱིལ་འཁོར།

DJQ-N-19　胜乐轮九尊曼荼罗　无上瑜伽部父续

DJQ-N-20   曼荼罗

གསང་འདུས་ཀྱི་དཀྱིལ་འཁོར།

DJQ-N-21　密集三十二尊曼荼罗　无上瑜伽部父续

DJQ-N-22　　曼荼罗

དགྲ་ནག་གི་དཀྱིལ་འཁོར།

DJQ-N-23　黑阎魔敌十三尊曼荼罗　无上瑜伽部父续

སྒྲོལ་མ་ན་ལྔ་ཉེ་དགུའི་དཀྱིལ་འཁོར།

DJQ-N-24　无上度母十七尊曼荼罗　无上瑜伽部母续

བདེ་མཆོག་གི་དཀྱིལ་འཁོར།

DJQ-N-25　胜乐金刚二十一尊曼荼罗　无上瑜伽部母续

གསང་འདུས་ཀྱི་དཀྱིལ་འཁོར།

DJQ-N-26　密集三十二尊曼荼罗　无上瑜伽部父续

གསང་འདུས་རིན་འབྱུང་གི་དཀྱིལ་འཁོར།

DJQ-N-27　密集宝生佛三十二尊曼荼罗　无上瑜伽部父续

ཚེ་དཔག་མེད་ལྷ་ལྔའི་དཀྱིལ་འཁོར།

DJQ-N-28　无量寿五尊曼荼罗　事续莲花部

བདེ་མཆོག་སྟོན་འབྱུང་ལྷ་བཅུ་གསུམ་གྱི་དཀྱིལ་འཁོར།

DJQ-N-29　生起禁戒胜乐十三尊曼荼罗　无上瑜伽部母续

ཕྱག་རྡོར་འཁོར་ཆེན་གྱི་དཀྱིལ་འཁོར།

DJQ-N-30　大轮金刚手九尊曼荼罗　事续金刚部

གསང་འདུས་མི་གཡོ་བའི་དཀྱིལ་འཁོར།

DJQ-N-31　密集不动金刚三十二尊曼荼罗　无上瑜伽部父续

DJQ-N-32　　　曼荼罗

གསང་འདུས་ཕྱག་རྫོར་གྱི་དཀྱིལ་འཁོར།

DJQ-N-33　密集金刚手三十二尊曼荼罗　无上瑜伽部父续

གསང་འདུས་ནམ་མཁའི་དཀྱིལ་འཁོར།

DJQ-N-34　密集虚空藏三十二尊曼荼罗　无上瑜伽部父续

གསང་འདུས་འཇམ་དཔལ་གྱི་དཀྱིལ་འཁོར།

DJQ-N-35 密集文殊三十二尊曼荼罗 无上瑜伽部父续

གསང་འདུས་འཇིག་རྟེན་དབང་ཕྱུག་གི་དཀྱིལ་འཁོར།

DJQ-N-36　密集世自在三十二尊曼荼罗　无上瑜伽部父续

གསང་འདུས་སྒྲིབ་སེལ་གྱི་དཀྱིལ་འཁོར།

DJQ-N-37　密集除盖障三十二尊曼荼罗　无上瑜伽部父续

 གསང་འདུས་ཀུན་བཟང་གི་དཀྱིལ་འཁོར།

DJQ-N-38　密集普贤三十二尊曼荼罗　无上瑜伽部父续

གསང་འདུས་སྒྲ་རྡོ་རྗེ་མའི་དཀྱིལ་འཁོར།

DJQ-N-39　密集金刚声三十二尊曼荼罗　无上瑜伽部父续

གསང་འདུས་དོན་གྲུབ་ཀྱི་དཀྱིལ་འཁོར།

DJQ-N-40 密集不空成就三十二尊曼荼罗 无上瑜伽部父续

རྡོ་རྗེ་ཕག་མོའི་དཀྱིལ་འཁོར།

DJQ-N-41 金刚亥母七尊曼荼罗 无上瑜伽部父续

གསང་འདུས་དབུག་སྦྱིན་ཅན་གྱི་དཀྱིལ་འཁོར།

DJQ-N-42　密集蓝杖明王三十二尊曼荼罗　无上瑜伽部父续

གསང་འདུས་མ་ཡི་སྒྲིན་པོའི་དཀྱིལ་འཁོར།

DJQ-N-43　密集地藏金刚三十二尊曼荼罗　无上瑜伽部父续

གསང་འདུས་བགེགས་མཐར་བྱེད་ཀྱི་དཀྱིལ་འཁོར།

DJQ-N-44　密集伏魔金刚三十二尊曼荼罗　无上瑜伽部父续

གསང་འདུས་ཀྱི་དཀྱིལ་འཁོར།

DJQ-N-45　密集金刚三十二尊曼荼罗　无上瑜伽部父续

གསང་འདུས་མི་བསྐྱོད་པའི་དཀྱིལ་འཁོར།

DJQ-N-46　时轮金刚曼荼罗　无上瑜伽部母续

ཀྱེ་རྡོར་ལྷ་དགུའི་དཀྱིལ་འཁོར།

DJQ-N-47　喜金刚九尊曼荼罗　无上瑜伽部母续

གསང་འདུས་མི་བསྐྱོད་པའི་དཀྱིལ་འཁོར།

DJQ-N-48　密集不动佛三十二尊曼荼罗　无上瑜伽部父续

ཀྱེ་རྡོ་རྗེ་ལྷ་དགུའི་དཀྱིལ་འཁོར།

N-49　喜金刚九尊曼荼罗　无上瑜伽部母续

གསང་འདུས་ཀྱི་དཀྱིལ་འཁོར།

DJQ-N-50 密集金刚三十二尊曼荼罗 无上瑜伽部父续

གསང་འདུས་གཤིན་རྗེ་གཤེད་ཀྱི་དཀྱིལ་འཁོར།

DJQ-N-51 密集妙损明王三十二尊曼荼罗 无上瑜伽部父续

གསང་འདུས་ཤྭ་མ་ཀྱིའི་དཀྱིལ་འཁོར།

DJQ-N-52　密集摩摩枳三十二尊曼荼罗　无上瑜伽部父续

གསང་འདུས་རྡོ་རྗེ་རྩེ་མའི་དཀྱིལ་འཁོར།

DJQ-N-53 密集金刚香三十二尊曼荼罗 无上瑜伽部父续

གསང་འདུས་རྡོ་རྗེ་ཉེ་མའི་དཀྱིལ་འཁོར།

DJQ-N-54　密集金刚昧三十二尊曼荼罗　无上瑜伽部父续

གསང་འདུས་འཇམ་དབྱངས་ཀྱི་དཀྱིལ་འཁོར།

DJQ-N-55　密集文殊金刚十七尊曼荼罗　无上瑜伽部父续

ཛོ་རྗེ་ཕག་མོ་ནག་མོའི་དཀྱིལ་འཁོར།

DJQ-N-56　黑金刚亥母五尊曼荼罗　无上瑜伽部母续

འཇིགས་བྱེད་ཀྱི་དཀྱིལ་འཁོར།

DJQ-N-57　大威德四十九尊曼荼罗　无上瑜伽部父续

གསང་འདུས་རྟ་མགྲིན་གྱི་དཀྱིལ་འཁོར།

DJQ-N-58　密集马头明王三十二尊曼荼罗　无上瑜伽部父续

གསང་འདུས་གཏུགས་རྫོ་རྗེ་མའི་དཀྱིལ་འཁོར།

DJQ-N-59　密集金刚色三十二尊曼荼罗　无上瑜伽部父续

གསང་འདུས་རྣམ་སྣང་གི་དཀྱིལ་འཁོར།

DJQ-N-60 密集大日如来三十二尊曼荼罗 无上瑜伽部父续

གསང་འདུས་ལྷ་སོ་དྲུག་ཅན་གྱི་དཀྱིལ་འཁོར།

DJQ-N-61 密集不动金刚三十六尊曼荼罗 无上瑜伽部父续

གསང་འདུས་མི་འཁྲུགས་པ་ལྷ་སོ་དྲུག་ཅན་གྱི་དཀྱིལ་འཁོར།

DJQ-N-61 密集不动金刚三十六尊曼荼罗 无上瑜伽部父续（局部）

 རི་དབང་གི་རྒྱལ་པོ།

DJQ-W-1 善住须弥山王佛 尊像

ཆུ་ལྷའི་ལྷ།

DJQ-W-2 水天中佛 尊像

ཀུན་ནས་སྣང་བ་བཀོད་པ།

DJQ-W-3 周匝庄严功德佛 尊像

འཇམ་དབྱངས་དཀར་པོ།

DJQ-W-4 白文殊菩萨 尊像

ཤེད་མེད་ཀྱི་བུ།

DJQ-W-5　那罗延佛　尊像

འཇམ་དབྱངས།

DJQ-W-6　文殊菩萨　尊像

རྗེ་ཚོང་ཁ་པ།

DJQ-W-7　宗喀巴大师　尊像

དྲི་མ་མེད་པ།

DJQ-W-8　无垢佛　尊像

ཤེལ་གྱི་བཻ་ཌཱུརྱ་ཡི་རྒྱལ་པོ།

DJQ—W—9　药师琉璃光佛　尊像

DJQ—W—10　　尊像

མི་འཁྲུགས་པ།

DJQ—W—11　阿閦佛　尊像

ཀླུ་དབང་གི་རྒྱལ་པོ།

DJQ—W—12　龙尊王佛　尊像

 མེ་ཏོག་དཔལ།

DJQ-W-13　功德华佛　尊像

ཀུན་ནས་སྣང་བ་བཀོད་པ།

DJQ-W-14　周匝庄严功德佛　尊像

རིན་ཆེན་ཟླ་བ།

DJQ-W-17　宝月如来　尊像

ཙན་དན་དཔལ།

DJQ-W-18　旃檀功德佛　尊像

ཚེ་དཔག་མེད་ལྷ་དགུའི་དཀྱིལ་འཁོར།

DJQ－W－15　无量寿九尊曼荼罗　事续莲花部

ऊँ ग्याঃ ববিঃ দ্শ্যীল্ দ্বॅঝ।

DJQ-W-16　不动金刚九尊曼荼罗　事续如来部

གཡུལ་ལས་རྣམ་རྒྱལ།

DJQ-W-19　斗战胜佛　尊像

ཆོངས་པའི་འོད་ཟེར།

DJQ-W-20　清净光游戏神通佛　尊像

གཟི་བརྗིད་མཐའ་ཡས།

DJQ-W-21　无量掬光佛　尊像

དཔལ་སྦྱིན།

DJQ-W-22　勇施佛　尊像

ཐམས་པར་སྣང་མཛད།

DJQ-W-23　大日如来佛　尊像

ཚོས་སྒྲགས།

DJQ-W-24　法海审音如来　尊像

དྲན་པའི་དཔལ།

DJQ-W-27　德念佛　尊像

མཚན་དཔལ་ཡོངས་གྲགས།

DJQ-W-28　善名称功德佛　尊像

ༀ་དཔག་མེད་ལྷ་དགུའི་དཀྱིལ་འཁོར།

DJQ-W-25　无量寿九尊曼荼罗　事续莲花部

ཚེ་དཔག་མེད་ལྷ་དགུའི་དཀྱིལ་འཁོར།

DJQ-W-26　无量寿九尊曼荼罗　事续莲花部

ཚོད་དཔལ་ལ།

DJQ-W-29 光功德佛 尊像

རིན་ཆེན་འབྱུང་ལྡན།

DJQ-W-30 宝生佛 尊像

རྣམ་གནོན་ག་ཤེགས་དཔལ་ལ།

DJQ-W-31 善游步佛 尊像

རིན་ཆེན་པདྨ་རྣམ་པར་གནོན་པ།

DJQ-W-32 宝华游步佛 尊像

DJQ-W-33　　　尊像

མཚན་ལེགས།

DJQ-W-34　善名称吉祥如来　尊像

དོན་ཡོད་གྲུབ་པ།

DJQ-W-35　不空成就佛　尊像

རྒྱ་ནན་མེད་པའི་དཔལ།

DJQ-W-36　无忧德佛　尊像

པད་མའི་འོད་ཟེར།

DJQ-W-37　莲花光游戏神通佛　尊像

ཉིན་ཏུ་རྣམ་པར་གནོན་པ།

DJQ-W-38　善游步功德佛　尊像

DJQ-W-39　　　　尊像

DJQ-W-40　　　　尊像

ཚེ་དཔག་མེད་ལྷ་དགུའི་དཀྱིལ་འཁོར།

DJQ—W—41 无量寿九尊曼荼罗 事续莲花部

སོ་སོར་འབྲང་མའི་དཀྱིལ་འཁོར།

DJQ-W-42　随行佛母曼荼罗　事续五护部

འཇམ་དཔལ་ནོན་པོ།

DJQ-W-43　敏捷文殊菩萨　尊像

འོད་དཔགམེད།

DJQ-W-44　无量光佛　尊像

མར་མེ་མཛད།

DJQ-W-45　燃灯佛　尊像

མངོན་མཁྱེན་རྒྱལ་པོ།

DJQ-W-46　法海胜慧游戏神通佛　尊像

DJQ-W-47　　　　尊像

ཚེ་གཙོན་ག་ཤེགས་དཔལ༎

DJQ-W-48　善游步佛　尊像

ཤཀ྄ཐུབ་པ།

DJQ-W-49　释迦牟尼佛　尊像

དཔལ་བཟང་།

DJQ-W-50　贤德佛　尊像

གུན་རིག་གི་དཀྱིལ་འཁོར།

DJQ-W-51　大日如来曼荼罗　行续如来部

ཨོཾ་དཔག་མེད་ལྷ་དགུའི་དཀྱིལ་འཁོར།

DJQ-W-52　无量寿九尊曼荼罗　事续莲花部

ཨོཾ་དཔག་མེད་ལྷ་དགུའི་དཀྱིལ་འཁོར།

DJQ-W-53　无量寿九尊曼荼罗　事续莲花部

ཚེ་དཔག་མེད་ལྷ་དགུའི་དཀྱིལ་འཁོར།

DJQ-W-54 无量寿九尊曼荼罗 事续莲花部

ཚེ་དཔག་མེད་ལྷ་དགུའི་དཀྱིལ་འཁོར།

DJQ-W-55　无量寿九尊曼荼罗　事续莲花部

ཙེ་དཔག་མེད་ལྷ་དགུའི་དཀྱིལ་འཁོར།

DJQ—W—56　无量寿九尊曼荼罗　事续莲花部

ཚེ་དཔག་མེད་ལྷ་དགུའི་དཀྱིལ་འཁོར།

DJQ-W-57　无量寿九尊曼荼罗　事续莲花部

ཀྱེ་དཔག་མེད་ལྷ་དགུའི་དཀྱིལ་འཁོར།

DJQ-W-58　无量寿九尊曼荼罗　事续莲花部

ཚེ་དཔག་མེད་ལྷ་དགུའི་དཀྱིལ་འཁོར།

DJQ-W-59　无量寿九尊曼荼罗　事续莲花部

ཚེ་དཔག་མེད་ལྷ་དགུའི་དཀྱིལ་འཁོར།

DJQ-W-60　无量寿九尊曼荼罗　事续莲花部

ཚེ་དཔག་མེད་ལྷ་ལྔ་དགུའི་དཀྱིལ་འཁོར།

DJQ-W-61　无量寿九尊曼荼罗　事续莲花部

ཚེ་དཔག་མེད་ལྷ་དགུའི་དཀྱིལ་འཁོར།

DJQ-W-62 无量寿九尊曼荼罗 事续莲花部

ཚེ་དཔག་མེད་ལྷ་དགུའི་དཀྱིལ་འཁོར།

DJQ－W－63　无量寿九尊曼荼罗　事续莲花部

ཚེ་དཔག་མེད་ལྷ་དགུའི་དཀྱིལ་འཁོར།

DJQ-W-64 无量寿九尊曼荼罗 事续莲花部

ཪྡོ་ཪྗེ་སེམས་དཔའི་དཀྱིལ་འཁོར།

DJQ-W-65　　金刚萨埵曼荼罗　　无上瑜伽部母续

ཚེ་དཔག་མེད་ལྷ་དགུའི་དཀྱིལ་འཁོར།

DJQ-W-66 无量寿九尊曼荼罗 事续莲花部

ཚེ་དཔག་མེད་ལྷ་དགུའི་དཀྱིལ་འཁོར།

DJQ-W-67　无量寿九尊曼荼罗　事续莲花部

ཚེ་དཔག་མེད་ལྷ་ལྔ་དགུའི་དཀྱིལ་འཁོར།

DJQ—W—68　无量寿九尊曼荼罗　事续莲花部

ཚེ་དཔག་མེད་ལྷ་དགུའི་དཀྱིལ་འཁོར།

DJQ－W－69　无量寿九尊曼荼罗　事续莲花部

ཚེ་དཔག་མེད་ལྷ་དགུའི་དཀྱིལ་འཁོར།

DJQ—W—70 无量寿九尊曼荼罗 事续莲花部

ཚེ་དཔག་མེད་ལྷ་དགུའི་དཀྱིལ་འཁོར།

DJQ-W-71　无量寿九尊曼荼罗　事续莲花部

ཚེ་དཔག་མེད་ལྷ་དགུའི་དཀྱིལ་འཁོར།

DJQ—W—72　无量寿九尊曼荼罗　事续莲花部

ཨོཾ་དཔག་མེད་ལྷ་དགུའི་དཀྱིལ་འཁོར།

DJQ—W—73　无量寿九尊曼荼罗　事续莲花部

སྤྱན་རས་གཟིགས་བཅུ་གཅིག་ཞལ་གྱི་དཀྱིལ་འཁོར།

DJQ—W—74 十一面观音五尊曼荼罗 事续莲花部

ཚེ་དཔག་མེད་ལྷ་དགུའི་དཀྱིལ་འཁོར།

DJQ—W—75　无量寿九尊曼荼罗　事续莲花部

ཚེ་དཔག་མེད་ལྷ་དགུའི་དཀྱིལ་འཁོར།

DJQ—W—76　无量寿九尊曼荼罗　事续莲花部

འཇམ་དབྱངས་དཀར་པོ་ཕྱག་བཞི་པའི་དཀྱིལ་འཁོར།

DJQ-W-77　四臂白文殊五尊曼荼罗　事续如来部

ཚེ་དཔག་མེད་ལྷ་དགུའི་དཀྱིལ་འཁོར།

DJQ-W-78　无量寿九尊曼荼罗　事续莲花部

ཚེ་དཔག་མེད་ལྷ་དགུའི་དཀྱིལ་འཁོར།

DJQ—W—79 无量寿九尊曼荼罗 事续莲花部

ཨོཾ་དཔག་མེད་ཚེ་ལྷ་དགུའི་དཀྱིལ་འཁོར།

DJQ-W-80　无量寿九尊曼荼罗　事续莲花部

ཚེ་དཔག་མེད་ལྷ་དགུའི་དཀྱིལ་འཁོར།

DJQ-W-81　无量寿九尊曼荼罗　事续莲花部

ༀ་དཔག་མེད་ལྷ་དགུའི་དཀྱིལ་འཁོར།

DJQ-W-82 无量寿九尊曼荼罗 事续莲花部

ऀ་བགྲགས་པའི་དཀྱིལ་འཁོར།

DJQ－W－83　不动金刚十三尊曼荼罗　事续金刚部

ཚེ་དཔག་མེད་ལྷ་དགུའི་དཀྱིལ་འཁོར།

DJQ—W—84　无量寿九尊曼荼罗　事续莲花部

མངས་རྒྱས་སྤྱོད་པ་ལྷ་དགུའི་དཀྱིལ་འཁོར།

DJQ－W－85　佛顶九尊曼荼罗　无上瑜伽部母续

ཚེ་དཔག་མེད་ལྷ་དགུའི་དཀྱིལ་འཁོར།

DJQ—W—86 无量寿九尊曼荼罗 事续莲花部

ཚེ་དཔག་མེད་ལྷ་དགུའི་དཀྱིལ་འཁོར།

DJQ-W-87　无量寿九尊曼荼罗　事续莲花部

ཀླུ་མོ་ཕག་ལྷའི་དཀྱིལ་འཁོར།

DJQ-W-88　金刚亥母十三尊曼荼罗　无上瑜母续

ཚེ་དཔག་མེད་ལྷ་དགུའི་དཀྱིལ་འཁོར།

DJQ-W-89　无量寿九尊曼荼罗　事续莲花部

ཚེ་དཔག་མེད་ལྷ་དགུའི་དཀྱིལ་འཁོར།

DJQ-W-90　无量寿九尊曼荼罗　事续莲花部

ཚེ་དཔག་མེད་ལྷ་དགུའི་དཀྱིལ་འཁོར།

DJQ-W-91 无量寿九尊曼荼罗 事续莲花部

ཚེ་དཔག་མེད་ལྷ་དགུའི་དཀྱིལ་འཁོར།

DJQ-W-92　无量寿九尊曼荼罗　事续莲花部

ཆོ་དཔག་མེད་ལྷ་དགུའི་དཀྱིལ་འཁོར།

DJQ－W－93　无量寿九尊曼荼罗　事续莲花部

ཚེ་དཔག་མེད་ལྷ་དགུའི་དཀྱིལ་འཁོར།

DJQ-W-94　无量寿九尊曼荼罗　事续莲花部

ཚེ་དཔག་མེད་ལྷ་དགུའི་དཀྱིལ་འཁོར།

DJQ-W-95　无量寿九尊曼荼罗　事续莲花部

འཇིགས་བྱེད་ལྷ་བཅུ་གསུམ་མའི་དཀྱིལ་འཁོར།

DJQ-W-96 大威德十三尊曼荼罗 无上瑜伽部父续

ཕོད་ཟེར་ཅན་མའི་དཀྱིལ་འཁོར།

DJQ-W-97 摩利支天二十一尊曼荼罗 事续部母

ཀུ་ན་ཀུ་ལེའི་དཀྱིལ་འཁོར།

DJQ—W—98 拘留拘啰曼荼罗 无上瑜伽部

གདུགས་དཀར་གྱི་དཀྱིལ་འཁོར།

DJQ-W-99　大白伞盖二十四尊曼荼罗　事续顶髻部

DJQ-W-100　　曼荼罗

ཐོ་མོར་འབྱུང་བའི་དཀྱིལ་འཁོར།

DJQ-W-101 随行佛母五尊曼荼罗 事续五护部

ཆོས་པར་སྣང་མཛད་ཀྱི་དཀྱིལ་འཁོར།

DJQ-W-102　大日如来曼荼罗　无上瑜伽部父续

DJQ-W-103   曼荼罗

ཝང་རྒྱལ་གནས་བརྟན་བཅུ་དྲུག་གིས་བསྐོར་བའི་དཀྱིལ་འཁོར།

DJQ-W-104　佛陀与十六罗汉曼荼罗　事续如来部

ཚོ་རྗེ་སེམས་དཔའི་དཀྱིལ་འཁོར།

DJQ-W-105　金刚萨埵九尊曼荼罗　无上瑜伽部母续

 གདན་རྐྱངས་ཀྱི་དཀྱིལ་འཁོར།

DJQ-W-106　佛陀九尊曼荼罗　事续如来部

འཇམ་དབྱངས་ཀྱི་དཀྱིལ་འཁོར།

DJQ—W—107　文殊菩萨五尊曼荼罗　事续莲花部

ཕྱག་ན་རྡོ་རྗེའི་དཀྱིལ་འཁོར།

DJQ—W—108　金刚手五尊曼荼罗　事续金刚部

ཐོར་གདན་བཞིའི་དཀྱིལ་འཁོར།

DJQ-W-109 金刚座五十七尊曼荼罗 无上瑜伽部父续

 རྡོ་རྗེ་སེམས་དཔའི་དཀྱིལ་འཁོར།

DJQ-W-110　金刚萨埵五尊曼荼罗　无上瑜伽部母续

རྡོ་རྗེ་སེམས་དཔའི་དཀྱིལ་འཁོར།

DJQ-W-111　金刚萨埵五尊曼荼罗　无上瑜伽部母续

 རྡོ་རྗེ་སེམས་དཔའི་དཀྱིལ་འཁོར།

DJQ-W-112　金刚萨埵五尊曼荼罗　无上瑜伽部母续

 མཚན་རྒྱས་ཐོད་པ་ལྔ་དགུའི་དཀྱིལ་འཁོར།

DJQ-W-113　佛顶九尊曼荼罗　无上瑜伽部母续

འདུལ་བ་འདུལ་བྱེད་ཀྱི་དཀྱིལ་འཁོར།

DJQ-W-114　调伏部多金刚三十三尊曼荼罗　事续金刚部

སྒྲོལ་ལྗང་གི་དཀྱིལ་འཁོར།

DJQ-W-115 绿度母五尊曼荼罗 事续莲花部

སྒྲོལ་མ་བླ་མེད་ཀྱི་དཀྱིལ་འཁོར།

DJQ-W-116　无上度母十七尊曼荼罗　无上瑜伽部母续

སྒྲོལ་མ་གསེར་མདོག་དཀྱིལ་འཁོར།

DJQ-W-117　金色度母十一尊曼荼罗　事续莲花部

ཌཇཇ་མེམས་དཔའི་དཀྱིལ་འཁོར།

DJQ—W—118　金刚萨埵十三尊曼荼罗　无上瑜伽部母续

ཕྱག་ན་རྡོ་རྗེའི་དཀྱིལ་འཁོར།

DJQ-W-119 金刚手五尊曼荼罗 事续金刚部

DJQ-W-120　　曼荼罗

ཚེ་དཔག་མེད་ལྷ་དགུའི་དཀྱིལ་འཁོར།

DJQ-W-121　无量寿九尊曼荼罗　事续莲花部

ཚེ་དཔག་མེད་ལྷ་དགུའི་དཀྱིལ་འཁོར།

DJQ-W-122　无量寿九尊曼荼罗　事续莲花部

རྒྱལ་བ་རིགས་ལྔའི་དཀྱིལ་འཁོར།

DJQ-W-123　五方佛五尊曼荼罗　瑜伽部

ཚེ་དཔག་མེད་ལྷ་དགུའི་དཀྱིལ་འཁོར།

DJQ—W—124　无量寿九尊曼荼罗　事续莲花部

ཚམ་སྨད་སྐུའི་དཀྱིལ་འཁོར།

DJQ-W-125　大日如来身曼荼罗　行部如来类

རྡོ་རྗེ་སེམས་དཔའ་རྒྱལ་ཆེན་བཞིས་བསྐོར་བའི་དཀྱིལ་འཁོར།

DJQ－W－126　金刚萨埵与四大天王曼荼罗　无上瑜伽部母续

ཤ་བ་རིའི་དཀྱིལ་འཁོར།

DJQ—W—127　叶衣佛母九尊曼荼罗　事续莲花部

རྡོ་རྗེ་སེམས་དཔའི་དཀྱིལ་འཁོར།

DJQ—W—128　金刚萨埵九尊曼荼罗　无上瑜伽部母续

ཕྱག་ན་རྡོ་རྗེ་ཕྱགས་ཀྱི་དཀྱིལ་འཁོར།

DJQ-W-129　金刚手十三尊曼荼罗　事续金刚部

གཙོ་ཆེན་ལུགས་ཀྱི་ཐུགས་རྗེ་ཆེན་པོ་ལྷ་དགུའི་དཀྱིལ་འཁོར།

DJQ—W—130　大悲胜海红观音九尊曼荼罗　事续莲花部

ཚེ་དཔག་མེད་གསུང་གི་དཀྱིལ་འཁོར།

DJQ-W-131 无量寿语五尊曼荼罗 事续莲花部

ཀྱེའི་རྡོ་རྗེ་རིགས་ཕྱི་དཀྱིལ་འཁོར།

DJQ—W—132 喜金刚四十尊曼荼罗 无上瑜伽部母续

第三节　大经堂曼荼罗及尊像

ཚེ་དཔག་མེད་ལྷ་དགུའི་དཀྱིལ་འཁོར།

DJT-N-1 无量寿九尊曼荼罗 事续莲花部

ཚེ་དཔག་མེད་ལྷ་དགུའི་དཀྱིལ་འཁོར།

DJT-N-2 无量寿九尊曼荼罗 事续莲花部

གཤིན་རྗེ་གཤེད་ཀྱི་དཀྱིལ་འཁོར།

DJT-N-3　阎魔敌曼荼罗　无上瑜伽部父续

ཚེ་དཔག་མེད་ལྷ་དགུའི་དཀྱིལ་འཁོར།

DJT-N-4 无量寿九尊曼荼罗 事续莲花部

ཚེ་དཔག་མེད་ལྷ་དགུའི་དཀྱིལ་འཁོར།

DJT-N-5　无量寿九尊曼荼罗　事续莲花部

ཚེ་དཔག་མེད་ལྷ་དགུའི་དཀྱིལ་འཁོར།

DJT-N-6　无量寿九尊曼荼罗　事续莲花部

ཚེ་དཔག་མེད་ལྷ་དགུའི་དཀྱིལ་འཁོར།

DJT-N-7　无量寿九尊曼荼罗　事续莲花部

ཚེ་དཔག་མེད་ལྷ་དགུའི་དཀྱིལ་འཁོར།

DJT-N-8　无量寿九尊曼荼罗　事续莲花部

ཚེ་དཔག་མེད་ལྷ་དགུའི་དཀྱིལ་འཁོར།

DJT-N-9　无量寿九尊曼荼罗　事续莲花部

ཚེ་དཔག་མེད་ལྷ་དགུའི་དཀྱིལ་འཁོར།

DJT-N-11　无量寿九尊曼荼罗　事续莲花部

ༀ་དཔག་མེད་ལྷ་དགུའི་དཀྱིལ་འཁོར།

DJT-N-12　无量寿九尊曼荼罗　事续莲花部

ཚེ་དཔག་མེད་ལྷ་དགུའི་དཀྱིལ་འཁོར།

DJT-N-13　无量寿九尊曼荼罗　事续莲花部

ཨོཾ་དཔག་མེད་ཚེ་དཔག་མེད་དཀྱིལ་འཁོར།

DJT-N-14　无量寿九尊曼荼罗　事续莲花部

ཚེ་དཔག་མེད་ལྷ་དགུའི་དཀྱིལ་འཁོར།

DJT-N-15　无量寿九尊曼荼罗　事续莲花部

DJT-N-16　　曼荼罗

ༀ་དཔག་མེད་ལྷ་དགུའི་དཀྱིལ་འཁོར།

DJT—N—17　无量寿九尊曼荼罗　事续莲花部

ཚེ་དཔག་མེད་ལྷ་དགུའི་དཀྱིལ་འཁོར།

DJT-N-18　无量寿九尊曼荼罗　事续莲花部

ཚེ་དཔག་མེད་ལྷ་དགུའི་དཀྱིལ་འཁོར།

DJT-N-19　无量寿九尊曼荼罗　事续莲花部

ཚེ་དཔག་མེད་ལྷ་དགུའི་དཀྱིལ་འཁོར།

DJT-N-20　无量寿九尊曼荼罗　事续莲花部

ཚེ་དཔག་མེད་ལྷ་དགུའི་དཀྱིལ་འཁོར།

DJT-N-21　无量寿九尊曼荼罗　事续莲花部

ཚེ་དཔག་མེད་ལྷ་དགུའི་དཀྱིལ་འཁོར།

DJT-N-22　无量寿九尊曼荼罗　事续莲花部

ཚེ་དཔག་མེད་ལྷ་དགུའི་དཀྱིལ་འཁོར།

DJT-N-23　无量寿九尊曼荼罗　事续莲花部

ཚེ་དཔག་མེད་ལྷ་དགུའི་དཀྱིལ་འཁོར།

DJT-N-24　无量寿九尊曼荼罗　事续莲花部

ཚེ་དཔག་མེད་ལྷ་དགུའི་དཀྱིལ་འཁོར།

DJT-N-25 无量寿九尊曼荼罗 事续莲花部

ༀ་དཔག་མེད་ལྷ་དགུའི་དཀྱིལ་འཁོར།

DJT-N-26 无量寿九尊曼荼罗 事续莲花部

ཕྱག་རྗེ་ཆེན་པོའི་དཀྱིལ་འཁོར༎

DJT-N-27　四臂观音五尊曼荼罗　事续莲花部

ཚེ་དཔག་མེད་ལྷ་དགུའི་དཀྱིལ་འཁོར།

DJT-N-28　无量寿九尊曼荼罗　事续莲花部

ཚེ་དཔག་མེད་ལྷ་དགུའི་དཀྱིལ་འཁོར།

DJT-N-29　无量寿九尊曼荼罗　事续莲花部

ཨོཾ་དཔག་མེད་ཚེ་ལྷ་དགུའི་དཀྱིལ་འཁོར།

DJT-N-30 无量寿九尊曼荼罗 事续莲花部

ཨོཾ་དཔག་མེད་ལྷ་དགུའི་དཀྱིལ་འཁོར།

DJT-N-31　无量寿九尊曼荼罗　事续莲花部

ཙེ་དཔག་མེད་ལྷ་དགུའི་དཀྱིལ་འཁོར།

DJT-N-32 无量寿九尊曼荼罗 事续莲花部

བྲག་དཀར་རྗེ་ཆེན་པོའི་དཀྱིལ་འཁོར།།

DJT-N-33　四臂观音五尊曼荼罗　事续莲花部

DJT-N-34　　　曼荼罗

ཚེ་དཔག་མེད་ལྷ་དགུའི་དཀྱིལ་འཁོར།

DJT-N-35　无量寿九尊曼荼罗　事续莲花部

ཚེ་དཔག་མེད་ལྷ་དགུའི་དཀྱིལ་འཁོར།

DJT-N-36　无量寿九尊曼荼罗　事续莲花部

ཀྱེ་རྗེ་རྡོ་རྗེའི་དཀྱིལ་འཁོར།

DJT-N-37 喜金刚曼荼罗 无上瑜伽部母续

ཀྱེ་རྡོ་རྗེའི་དཀྱིལ་འཁོར།

DJT-N-38 喜金刚曼荼罗 无上瑜伽部母续

གསང་འདུས་ལྷ་མོ་གཉིས་ཀྱི་དཀྱིལ་འཁོར།

DJT-N-39 密集金刚三十二尊曼荼罗 无上瑜伽部父续

ཚེ་དཔག་མེད་ལྷ་དགུའི་དཀྱིལ་འཁོར།

DJT-N-40　无量寿九尊曼荼罗　事续莲花部

གཤིན་རྗེ་གཤེད་ཀྱི་དཀྱིལ་འཁོར།

DJT–N–41 阎魔敌曼荼罗 无上瑜伽部父续

DJT-N-42　　　曼荼罗

ཁྲོ་བོ་ཤི་ཀྲུག་ཅད་ཧཱུཾ་ལ་བཅུ་གཅིག་གི་དཀྱིལ་འཁོར།

DJT-N-43　愤怒作 "吽" 曼荼罗　无上瑜伽部

འཇིགས་བྱེད་དཔའ་གཅིག་གི་དཀྱིལ་འཁོར།

DJT-N-44　大威德独尊曼荼罗　无上瑜伽部父续

DJT－N－45　　曼荼罗

DJT－N－46　　曼荼罗

ཪྡོ་ཪྗེ་བདུད་རྩི་ལྷ་ཉེར་གཅིག་གི་དཀྱིལ་འཁོར།

DJT-N-47　金刚甘露二十一尊曼荼罗　瑜伽部

DJT-N-48　　　曼荼罗

ཕྱགས་རྗེ་ཆེན་པོའི་དཀྱིལ་འཁོར།

DJT-N-49 观音曼荼罗 事续莲花部

སྤྱན་རས་གཟིགས་པ་དྲྭ་བའི་དུ་བ་ཅན་གྱི་དཀྱིལ་འཁོར།

DJT-N-50 莲花网观音曼荼罗 事续莲花部

ཐུགས་རྗེ་ཆེན་པོའི་དཀྱིལ་འཁོར།

DJT-N-51　观音曼荼罗　事续莲花部

ཕྱགས་རྗེ་ཆེན་པོའི་དཀྱིལ་འཁོར།

DJT-N-52　四臂观音五尊曼荼罗　事续莲花部

ཚེ་དཔག་མེད་ལྷ་དགུའི་དཀྱིལ་འཁོར།

DJT-N-53　无量寿九尊曼荼罗　事续莲花部

DJT-N-54　　　曼荼罗

འཇམ་དབྱངས་ཀྱི་དཀྱིལ་འཁོར།

DJT-N-55 文殊五尊曼荼罗 事续如来部

ཕྱག་རྗེ་ཆེན་པོའི་དཀྱིལ་འཁོར།

DJT-N-56 四臂观音五尊曼荼罗 事续莲花部

བཀགས་རྗེ་ཆེན་པོ་བཅུ་གཅིག་ཞལ་གྱི་དཀྱིལ་འཁོར།

DJT-N-57　十一面观音五尊曼荼罗　事续莲花部

ཕྱགས་རྗེ་ཆེན་པོའི་དཀྱིལ་འཁོར།

DJT-N-58　四臂观音五尊曼荼罗　事续莲花部

ཚེ་དཔག་མེད་ལྷ་དགུའི་དཀྱིལ་འཁོར།

DJT-N-59　无量寿九尊曼荼罗　事续莲花部

ཕགས་པ་སྤྱན་རས་གཟིགས་དབང་ཕྱུག་གི་དཀྱིལ་འཁོར།

DJT-N-60 观音曼荼罗 事续莲花部

ཞི་སྲས་སྒྲོལ་མ་ལྷ་ཞེར་གཉིས་ཀྱི་དཀྱིལ་འཁོར།

DJT-N-61　度母二十一尊曼荼罗　无上瑜伽部

DJT-N-62　　　曼荼罗

ཚེ་དཔག་མེད་ལྷ་དགུའི་དཀྱིལ་འཁོར།

DJT-N-63　无量寿九尊曼荼罗　事续莲花部

ཚེ་དཔག་མེད་ལྷ་དགུའི་དཀྱིལ་འཁོར།

DJT-N-64　无量寿九尊曼荼罗　事续莲花部

བྱགས་རྗེ་ཆེན་པོའི་དཀྱིལ་འབོར།

DJT-N-65　观音曼荼罗　事续莲花部

DJT-N-66　　　曼荼罗

DJT-N-67　　　　曼荼罗

DJT-N-68　　　曼荼罗

DJT-N-69　　　曼荼罗

བདེ་མཆོག་འཁོར་ལོ་སྒྱུར་དྲུག་གི་དཀྱིལ་འཁོར།

DJT-N-70　胜乐六转轮曼荼罗　无上瑜伽部母续

གཤིན་རྗེ་གཤེད་ཀྱི་དཀྱིལ་འཁོར།

DJT-N-71　阎魔敌曼荼罗　无上瑜伽部父续

ষ্টি་བཞུགས་པའི་དཀྱིལ་འོར།

DJT-N-72　阿閦佛曼荼罗　事续金刚部

འཇིགས་བྱེད་ལྷ་བཅུ་གསུམ་གྱི་དཀྱིལ་འཁོར།

DJT-N-73　大威德十三尊曼荼罗　无上瑜伽部父续

 སྨན་བླའི་དཀྱིལ་འཁོར།

DJT-N-74 药师佛曼荼罗 事续如来部

རྫམ་རྒྱལ་ལ་མེར་པོའི་དཀྱིལ་འཁོར།

DJT-N-75　赞巴拉曼荼罗　事续世间部

DJT-N-76　　　曼荼罗

DJT-N-77　　　曼荼罗

DJT-N-78　　　曼荼罗

DJT-N-79　　　曼荼罗

DJT-N-80　　曼荼罗

ཚེ་དཔག་མེད་ལྷ་དགུའི་དཀྱིལ་འཁོར།

DJT-N-81　无量寿九尊曼荼罗　事续莲花部

གསང་འདུས་མི་བསྐྱོད་རྡོ་རྗེ་ལྷ་སོ་གཉིས་ཀྱི་དཀྱིལ་འཁོར།

DJT-N-82　密集不动金刚三十二尊曼荼罗　无上瑜伽部父续

DJT-N-83　　曼荼罗

ཕྱག་ན་རྡོ་རྗེ་ཆེན་པོའི་དཀྱིལ་འཁོར།

DJT-N-84 观音菩萨曼荼罗 事续莲花部

ཕྱགས་རྗེ་ཆེན་པོའི་དཀྱིལ་འཁོར།

DJT-N-85　观音菩萨曼荼罗　事续莲花部

དུས་འཁོར་གྱི་དཀྱིལ་འཁོར།

DJT-N-86 时轮金刚曼荼罗 无上瑜伽部母续

DJT-N-87　　曼荼罗

DJT-N-88　　　曼荼罗

 རྡོ་རྗེ་ཕག་མོའི་དཀྱིལ་འཁོར།

DJT-N-89　金刚亥母曼荼罗　无上瑜伽部母续

DJT-N-90　　　曼荼罗

 རྡོ་རྗེ་ཕག་མོའི་དཀྱིལ་འཁོར།

DJT-N-91　金刚亥母曼荼罗　无上瑜伽部母续

བདེ་མཆོག་གི་དཀྱིལ་འཁོར།

DJT-N-92　胜乐金刚曼荼罗　无上瑜伽部母续

ཆོས་སྐྱོང་མ་མཛོན་བྱུང་གི་དཀྱིལ་འཁོར།

DJT-N-93　大日如来曼荼罗　行部如来类

DJT-N-94　　　曼荼罗

རྡོ་རྗེ་ཕག་མོའི་དཀྱིལ་འཁོར།

DJT-N-95 金刚亥母曼荼罗 无上瑜伽部母续

DJT-N-96　　　曼荼罗

DJT-N-97　　　曼荼罗

བདེ་མཆོག་གི་དཀྱིལ་འཁོར།

DJT-N-98　胜乐金刚曼荼罗　无上瑜伽部母续

 སྣང་པོ་ཀྱི་རྩེ་རྗེའི་དཀྱིལ་འཁོར།

DJT-N-99　喜金刚曼荼罗　无上瑜伽部母续

DJT-N-100　　　曼荼罗

DJT-N-101   曼荼罗

དུས་འཁོར་གྱི་དཀྱིལ་འཁོར།

DJT-N-102 时轮金刚曼荼罗 无上瑜伽部母续

DJT-N-103 曼荼罗

ཀྱེ་རྗེ་རྡོ་རྗེའི་དཀྱིལ་འཁོར།

DJT-N-104　　喜金刚曼荼罗　无上瑜伽部母续

བདེ་མཆོག་གི་དཀྱིལ་འཁོར།

DJT-N-105　胜乐金刚曼荼罗　无上瑜伽部母续

མཁའ་འགྲོ་རིགས་ལྔ་ལྷ་ང་གཉིས་ཀྱི་དཀྱིལ་འཁོར།

DJT-N-106 五部空行曼荼罗 无上瑜伽部

ষ্টী'འৃৃুগৃণা'བའི'དদ্ভীল'འবོর།

DJT-N-107   阿閦佛曼荼罗   事续金刚部

གསང་བ་འདུས་པའི་དཀྱིལ་འཁོར།

DJT-N-108　密集金刚曼荼罗　无上瑜伽部父续

ষ্ট্রি'বহুনাস'ধবি'দশ্রীন'বর্মিন

DJT-N-109　阿閦佛曼荼罗　事续金刚部

DJT-N-110   曼荼罗

རྡོ་རྗེ་ཕག་མོའི་དཀྱིལ་འཁོར།

DJT-N-111　金刚亥母曼荼罗　无上瑜伽部母续

ཚམ་སྤྱད་མཇོན་བྱུང་གི་དཀྱིལ་འཁོར།

DJT－N－112　大日如来曼荼罗　行部如来类

གསང་བ་འདུས་པའི་དཀྱིལ་འཁོར།

DJT-N-113　密集金刚曼荼罗　无上瑜伽部父续

འཇིགས་བྱེད་ཀྱི་དཀྱིལ་འཁོར།

DJT-N-114　大威德金刚曼荼罗　无上瑜伽部父续

ཚེ་དཔག་མེད་ལྷ་དགུའི་དཀྱིལ་འཁོར།

DJT-W-1　无量寿九尊曼荼罗　事续莲花部

ཚེ་དཔག་མེད་ལྷ་དགུའི་དཀྱིལ་འཁོར།

DJT-W-2 无量寿九尊曼荼罗 事续莲花部

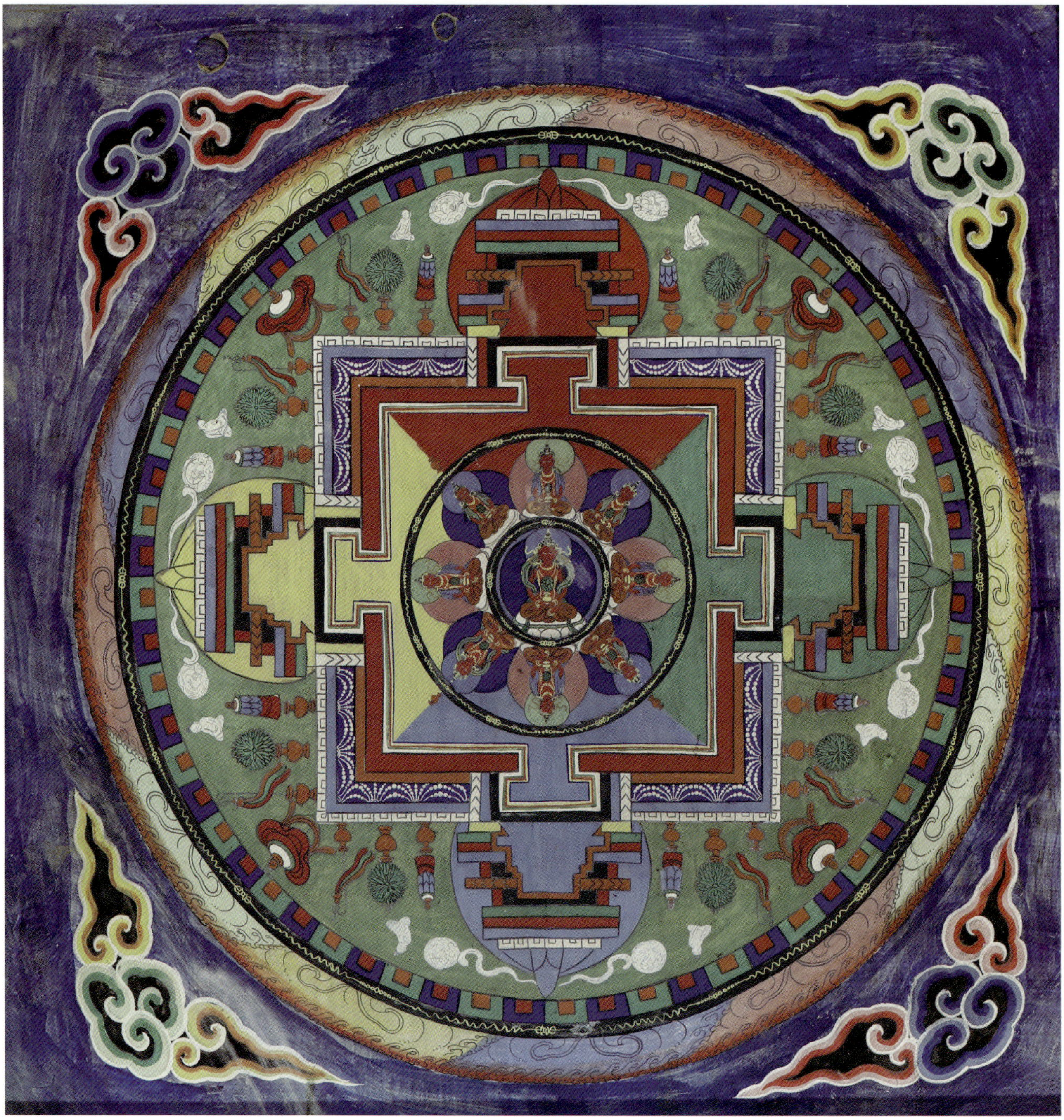

ཚེ་དཔག་མེད་ལྷ་དགུའི་དཀྱིལ་འཁོར།

DJT-W-3　无量寿九尊曼荼罗　事续莲花部

结　语

　　妙因寺是明清时期甘青地区最主要的藏传佛教寺院之一，在汉藏文化交流以及明清时期中央与西藏之间的政治文化交流中扮演了重要的角色，为当地的和平稳定与民族团结作出过突出贡献。该寺现存建筑、绘画、雕塑等大量文化遗产，成为研究区域民族文化艺术交流交融的珍贵标本。

　　2016 年以来，在当地政府和文化单位的支持下，笔者经过三年多的努力，已经完成了对妙因寺所存全部曼荼罗图像的信息采集，这是截至目前对该寺平棋曼荼罗的第一次全面性信息采集工作。在信息采集过程中我们还对其中部分作品进行了红外线、紫外线拍摄，发现了重绘痕迹。另外在考察中还发现，尽管妙因寺万岁殿、多吉强殿和大经堂建造于不同的年代，但平棋天花的大小基本相同，均为约 64 厘米 ×64 厘米，曼荼罗的规格也基本统一。

　　曼荼罗作为一种在密宗仪轨中的"特殊工具"，其整体图像和每一个细部构成要素都有特定的含义，在使用范围、目的以及制作者的经济实力等因素影响下，其表现形式也是多样的。条件允许的情况下，藏传佛教大部分寺院都会以立体或平面等不同形式制作相应的曼荼罗作品，一些古老寺院也或多或少保存有不同类型的曼荼罗作品。在寺院建筑中以平棋天花形式表现曼荼罗的情况是比较少见的，如内蒙古席力图召和四川甘孜地区的一些明代碉楼式经堂中保留有相当数量的平棋天花曼荼罗作品，另外在北京一带的藏传佛教寺院也有在平棋天花上绘制曼荼罗的习俗。相比较而言，妙因寺是目前所见保存曼荼罗数量最多的藏传佛教寺院之一，其表现形式以平棋绘画为主，并且严格遵循相关度量经和仪轨文献所规定结构和形式因素，故而具有较高的研究价值。

　　妙因寺所存平棋曼荼罗图像集中在万岁殿、多吉强殿和大经堂内。上述三座建筑是在中原官式建筑的基础上融合了藏传佛教的某些功能结构，其中大面积平棋天花恰好被用以表现数量众多的曼荼罗作品，这种在汉地官式建筑结构内以藏密曼荼罗装饰天花板的习俗，在妙因寺、显教寺、感恩寺等大通河、庄浪河流域的藏传佛教寺院比较普遍，具有一定的地域性特征。正确认识和识别妙因寺所有曼荼罗作品的内容对于研究国内外同类题材的作品具有至关重要的作用，同时对于藏传佛教密宗的东向发展历史，以及汉藏艺术交流的研究也具有积极作用。

妙因寺所存曼荼罗图像遗存在数百年岁月洗礼中仍旧熠熠生辉，遗憾的是部分遗存受到污染或自然损毁，加之繁复多样的表现手法、密宗文化行业内部严密的保密性、以及待查之仪轨文献浩如烟海等客观因素，为该寺曼荼罗题材的研究带来了难度，后期研究尚需要大量时间和精力。

在图像信息采集中，永登县文化局、鲁土司衙门博物馆为课题组提供了极大的支持；在图像拍摄中，《夏鲁其的建筑与壁画》的作者谢斌先生和碌曲县中学贡保才让老师也付出了极大的心血；在内容辨识过程中也得到了西藏甘丹寺格西格桑拉和哲蚌寺格西桑培拉的大力支持，在此一并表示由衷的感谢！特别感谢甘丹寺格西格桑上师，他耗费了极大的时间和精力，为笔者讲授了曼荼罗度量经和密宗概论等课程，在此深表感谢！